Fez 1495R-WN

Ida Magntorn

URBAN VINTAGE

EINRICHTEN MIT RETROSCHICK

DUMONT

Inhalt

Flohmärkte 3
Vorwort 4

Paris 6

Stimmung 8
Poesie erzeugen 11
Flohmärkte 15
Prismen und Glitzer (S-f-S) 16
Pariser Stillleben 19
Das Geheimnis 20
Spiegel 22
Spiegelwand (S-f-S) 24
Häkelspitzen (S-f-S) 26
Farbpalette 29
La Cuisine 31
Filme 32
Vogelbauer 34
Bücher, Musik 36

London 38

Stimmung 40
Exzentrisch wohnen 43
Flohmärkte 47
Süße Träume 48
Bücher, Filme 50
Dimensionen 52
The Kitchen 55
Käfer und Seepferdchen (S-f-S) 56
Electric Green (S-f-S) 59
Das Badezimmer 61
Feine Spitzen (S-f-S) 63
Musik 64
Farbpalette 65
Partyglitter 66

New York 68

Stimmung 70
Loft Style 72
Innen grüne Aussichten 75
Mehr Garten-Flair 77
Flohmärkte 79
Brownstone 81
Lampenkunst (S-f-S) 82
Schätze der Natur 85
Muschelspiegel (S-f-S) 86
Farbpalette 91
Schreibtischkunst (S-f-S) 93
Bücherbord (S-f-S) 94
Stars and Stripes 96
Grünzeug aus der Flasche (S-f-S) 97
Musik, Bücher 98
Filme 99

Los Angeles 100

Stimmung 102
Wohnen im Bungalow 104
Beduinen-Stil 106
Flohmärkte 109
Dschungel (S-f-S) 110
Oase (S-f-S) 113
Musik, Bücher 114
Hippiebett 116
Installationen 119
Farbpalette 120
Indianische Magie, Traumfänger (S-f-S) 122
Stillleben à la L.A. 124
Filme 127

Kopenhagen 128

Stimmung 130
Einrichten 133
Designklassiker 135
Flohmärkte 137
Dänische Küche, 139
Schubladen-Regal (S-f-S) 140
Details 143
Blues for Books 145
Farbpalette 146
Kopenhagener Sammlungen 148
Licht im Bücherregal (S-f-S) 153
Tapetenmix (S-f-S) 154
Bücher, Filme, Musik 156

Bildnachweis 158
Dank 159
Die Autorin 159

S-f-S = Schritt-für-Schritt-Erklärungen

Flohmärkte

Eine Auswahl

Paris

Marché aux Puces de Saint-Ouen, zwischen Saint-Ouen und Clignancourt im 17. Arrondissement, Sa 9–18, So 10–18, Mo 11–17 Uhr

Marché aux Puces de la Porte de Vanves, Avenue Georges Lafenestre/Rue Marc Sangnier im 14. Arrondissement, Sa/So 7–14 Uhr

Vide greniers, siehe www.vide-greniers.org

London

Portobello Road Market, Notting Hill, Sa 8.30–19 Uhr

Camden Market, Camden High Street, Buck Street, täglich 10–18 Uhr

Brick Lane, Shoreditch High Street, täglich geöffnet, unterschiedliche Öffnungszeiten

Carboots, siehe www.carbootjunction.com

New York

Hell's Kitchen Flea Market, West 39th Street/9th & 10th Ave, Sa/So 9–17 Uhr

West 25th Street Flea, Broadway/6th Ave, Sa/So 9–17 Uhr

The Antiques Garage, 112 West 25th Street, Sa/So 9–17 Uhr

The Brooklyn Flea – Williamsburg, 27 North 6th Street, zwischen Kent Ave und East River, So 10–17 Uhr

Los Angeles

Long Beach Antique Market, 4901 E Conant Street, Long Beach, jeweils am 3. Sonntag im Monat von 6.30–15.30 Uhr

Melrose Trading Post, Fairfax High School, 7850 Melrose Ave, So 9–17 Uhr

Santa Monica Flea Market, Airport Ave und S Bundy Dr, Santa Monica, jeweils am 1. und 4. Sonntag im Monat von 8–15 Uhr

The Rose Bowl Flea Market, 1001 Rose Bowl Dr, Pasadena, jeweils am 2. Sonntag im Monat von 9–15 Uhr

Kopenhagen

Ravnsborggade, Nørrebro, 200 Kopenhagen, Flohmarkt an vier Sonntagen im Jahr, Antiquitätenläden ganzjährig geöffnet, unterschiedliche Öffnungszeiten

Flohmarkt an der Dreifaltigkeitskirche und am Runden Turm, Købmagergade 52A, Mai–Okt Mi 9–17 Uhr

Vorwort

Die Sonne brennt vom Himmel. Ein Teil unserer Familie hat schon vor einiger Zeit schlapp gemacht, aber wir anderen zwei geben nicht auf. Wir müssen einfach all die verführerisch transparenten Seidenstoffe einmal anfassen, Sonnenbrillen anprobieren, den Schmuck durchsehen und jede zierliche Kaffeetasse einmal in die Hand nehmen.

So war es schon häufig auf unseren Urlaubsreisen. Und je öfter ich auf ausländischen Flohmärkten bin, desto interessanter finde ich die Unterschiede und Ähnlichkeiten der verschiedenen Trödelmärkte. Wo werden Skelettteile als Kostbarkeiten angeboten? In welchen Städten findet man antike Puppenköpfe? Ausgestopfte Eichhörnchen? Porzellanhunde?

Das Leben in fremden Städten hat mich immer schon fasziniert. Auf den Flohmärkten und in dem, was Menschen dort kaufen und verkaufen, spiegelt sich auch der Charakter ihres Zuhauses. Wie sieht es in einem echten New Yorker Loft aus? Oder in einer Pariser Dachwohnung? Welche Arten von Vintage mögen diese Leute und was machen sie mit den Retroschätzen? Ich möchte einfach zu gern wissen, wie sie so leben. Auf meiner Reise durch meine fünf Lieblingsstädte recherchierte ich dazu, fragte und fotografierte. Ich wollte „normale", aber typische Wohnungen finden, die nicht zu exklusiv sind. Ich hatte das Glück, an vielen Küchentischen Platz nehmen zu dürfen, an denen ich inspirierende Gespräche führen konnte über die hiesige Gesellschaft, Vintage-Moden, Recycling, Einrichtungstipps und die Kunst, Sachen ins richtige Licht zu rücken.

Fototermin bei Jessica Barensfeld und Simon Howell, Williamsburg, Brooklyn, New York.

Auf dem Sofa bei Tracy Wilkinson, Eagle Rock, Los Angeles.

Flohmarkt an der Dreifaltigkeitskirche im Zentrum von Kopenhagen.

Enthüllung

In diesem Buch lernen Sie Wohnungen meiner Vintage-Freunde in Paris, London, New York, Los Angeles und Kopenhagen bis in die hintersten Winkel kennen. Ich habe versucht, die wichtigsten Details mit der Kamera einzufangen und kurze Anleitungen geschrieben, damit Sie sich etwas von diesem Wohngefühl in Ihrem Zuhause schaffen können. Bei all dem geht es immer darum, eine Geschichte zu erzählen, eine Atmosphäre zu kreieren. Überlegen Sie sich, welche Stimmung Sie zu Hause erzeugen wollen. Stellen Sie sich Dinge vor, die frühere Bewohner in einer solchen Wohnwelt hinterlassen hätten, und trauen Sie sich, die Gedanken weiterzuspinnen!

Zu jeder Stadt gibt es eine Flohmarktliste mit typischen Artikeln, nach denen Sie selbst direkt vor Ort oder bei sich zu Hause suchen können. Dazu verrate ich Ihnen meine Ideen, wie Sie Ihre Flohmarktschätze gekonnt inszenieren oder noch etwas verwandeln können. Und darüber hinaus finden Sie in jedem Kapitel Buch-, Musik- und Filmempfehlungen, um sich inspirieren zu lassen.

Paris

Paris ist poetisch,
feminin, romantisch und
leicht **dekadent.**

Eine urtypische Pariser Wohnung ist verwinkelt und hat einen kleinen Balkon, auf dem man frühstücken kann. Auf dem Tisch stehen zierliche Vasen mit verwelkten Blumensträußen und abgeblätterten **Rosen.**

Durch das Zimmer klingt leise französische **Akkordeonmusik.** An der Wand hängen transparente Blusen, Handtaschen und Dessous. Die Einrichtung wirkt zufällig, schlicht und ein wenig unordentlich.

Das Geheimnis:
lässige Eleganz

Stimmung in Paris

Woher kommt diese ganz besondere Pariser Atmosphäre? Es mag unter anderem an dem einzigartigen Licht der Blauen Stunde liegen – l'heure bleue –, wenn zwischen Abend und Nacht die Luft voller Erwartung ist. Es hängt aber auch mit den pompösen weißen Hausfassaden zusammen, die das Licht so reflektieren, dass es im Sommer blendend hell ist und während des übrigen Jahres wie ein Schimmer über der Stadt liegt.

Charakter

Es ist das Verdienst von Baron Haussmann, dass Paris so groß und strahlend weiß ist. Mitte des 19. Jahrhunderts zog Haussmann auf Verlangen von Napoleon III. die breiten Boulevards schnurgerade durch die engen Pariser Stadtviertel aus dem Mittelalter. Entlang der Prachtstraßen baute man neue weiße Gebäude, hinter denen die alte Bebauung verschwand. Eine großartige Fassade zur Vorderseite, klein und eng aber nach hinten hinaus. Das Gleiche gilt auch für eine klassische Wohnung à la Haussmann: Zuerst eine Flucht von prunkvollen Gesellschaftsräumen, die häufig durch Flügeltüren mit Sprossenfenstern verbunden sind. Dahinter ein privater Trakt, der durch einen schmalen Flur zum Bade- und Schlafzimmer abgegrenzt wird. Und es gibt eine kleine Küche mit einer Dienstbotentreppe zum Hinterhof. Natürlich sind nicht alle Wohnungen nach Haussmanns Grundriss, die allermeisten haben aber die typischen Pariser Details: hohe Fenster und einen französischen Balkon.

Kulturerbe

Ein großes kulturelles Erbe schwebt über der Stadt: das Versailles des 18. Jahrhunderts mit seinen Kristallleuchtern und den goldenen Spiegeln des französischen Königshofes. An der Schwelle zum 20. Jahrhundert die künstlerische Bewegung des Fin de Siècle und die Belle Époque mit den Cancan-Tänzerinnen am Place Pigalle und im Moulin Rouge. Später dann die Cafés der Intellektuellen und die verrauchten Bars, in denen die großen Existenzialisten hitzige Diskussionen führten. Und natürlich immer in Blickweite: die Silhouette des Eiffelturms.

Einiges davon lassen die Pariser in ihre Wohnungseinrichtungen einfließen.

3 kurze Schritte

zum französischen Esprit

- Gehen Sie auf Tuchfühlung und schauen Sie sich einen der Filme an, die in Paris spielen (siehe Seite 32). Versetzen Sie sich in ein Paris wie im Roman *Zusammen ist man weniger allein.* Denken Sie an Camilles Schlafzimmer oder an Philiberts Küche. C'est ça!
- Hören Sie „La vie en rose" von Edith Piaf.
- Lassen Sie sich von berühmten Französinnen wie Catherine Deneuve, Juliette Binoche, Audrey Tautou und Jane Birkin oder ihren Töchtern Charlotte Gainsbourg und Lou Doillon inspirieren.

Poesie erzeugen

Styling für ein typisches Pariser Zimmer

Was braucht man, um eine klassische französisch poetische Atmosphäre zu schaffen? Natürlich etwas Geheimnisvolles, aber auch ein Gespür für Alltägliches. Dazu etwas lässigen Rock-Chic, einen Hauch Dekadenz und etwas leicht Heruntergekommenes. Wie man das hinbekommt? Einfach so:

Schlafzimmeratmosphäre

Gehen Sie vom Blickpunkt des Raumes aus, es könnte das Bett oder Sofa sein. Lassen Sie es sanft, bauschig und sinnlich erscheinen.

- ✔ Mit einem französischen Eisenbett entsteht automatisch Pariser Schlafzimmer-Atmosphäre. Wenn Sie ein solches nicht besitzen, können Sie den Raum stattdessen mit Rosen gestalten: mit abblühenden Rosen in einer Vase, einer Rosen-Lichterkette an der Wand oder mit großen Stoffrosen am Kopfteil des Bettes.
- ✔ Kissen in Pastellfarben mit Spitzen und Stickereien vermitteln eine weiche Grundstimmung, ohne dominant zu sein. Stöbern Sie danach auf dem Flohmarkt; je älter die Kissen sind, desto besser.
- ✔ Eine kleine Lampe mit rotem Schirm spendet ein behagliches, leicht dekadentes Licht.

Haute Couture

Paris ist die Hauptstadt der großen Modedesigner – das darf sich auch in der Einrichtung spiegeln. Wählen Sie Kleider und Accessoires als Blickfang – eine transparente Bluse, eine Fuchsboa, eine Chanel-Tasche oder ein hübsches Paar Stiefel. Die meisten Sachen eignen sich auch als Einrichtungsgegenstände.

Passende Details für die Wände:

- ✔ Ballettschuhe, um von den graziösen Tänzerinnen auf den großen Bühnen zu träumen. Sie wirken schön, aber auch etwas hart und streng – genau wie Paris.
- ✔ Ein Strohhut mit Rosette, wie ihn die Französin an einem warmen Sommertag trägt.
- ✔ Dessous, nicht unbedingt mit Spitze und Stickerei, sondern eher mit einem Touch von altmodischen Dessousläden.

Casual Chic

Neben den femininen Details, der sanften Stimmung und den Modeaccessoires benötigt man auch etwas, was nicht so durchdacht ist, sondern mehr Casual Chic vermittelt. Zum Beispiel einen Schreibtisch in bezauberndem Durcheinander.

- ✔ Passende Utensilien zu einem französischen Schreibtisch: Schachteln mit Blumenmuster, kleine Kisten, Kleinigkeiten – obendrauf, darunter und dazwischen.
- ✔ Rahmenlose Schwarz-Weiß-Fotos in charmanter Unordnung.
- ✔ Ein Schreibtischstuhl mit abgewetzten Kanten, vielleicht mit Samtbezug und kleinen Vorderrädern.
- ✔ Die Sonnenbrille griffbereit an einem Nagel an der Wand.

SAPEX

RUE
OBERKAMPF
146

Flohmärkte in Paris

Je nachdem, von welcher Seite man kommt, kann das Viertel etwas schäbig und düster wirken. Aber wenn man sich an der richtigen Stelle zwischen Café und Bistro unter dichten Efeuranken hindurchduckt, dann sind es nur einige Treppenstufen zu den verwinkelten Flohmarktgassen hinter der Porte de Clignancourt. Der Flohmarkt ist riesig, ein einziger Wirrwarr. Alles ist erlesen französisch und geschmackvoll – ob es die wackligen Vogelbauer, die durchgesessenen Samtsessel oder die hübschen Bilder sind, die für stattliche Summen über den Tisch gehen.

Brocante

An einem Laternenpfahl hängt ein roter Zettel: „Brocante, la Madeleine, Samedi“. Beim samstäglichen Flohmarkt sind die Straßen rund um die Madeleine-Kirche voll mit den unterschiedlichsten alten Sachen. Ein Händler hat seine gesamten Spiegel mitgebracht, ein anderer seine Sammlung von Reisetaschen. Es gibt Holzstempel, Schalen für Milchkaffee und romantische Landschaftsgemälde, alles bunt gemischt. Nach ein paar Stunden ist der ganze Zauber vorbei, aber unsere Taschen sind mit Schätzen gefüllt. Sogar ein Kronleuchter baumelt über der Schulter.

Hier einige Tipps, wonach Franzosen suchen und nach was Sie selbst in Paris stöbern können:

„... alles ist erlesen französisch und geschmackvoll ...“

CHECKLISTE FLOHMARKT

1. verschnörkelte Vogelbauer
2. transparente Blusen
3. Schreibmaschinen von anno dazumal
4. gehäkelte Spitzendeckchen
5. Craquelé-Spiegel
6. alte Glasprismen
7. Taschen in allen Größen
8. Dessous
9. Ballettschuhe
10. alte Puppen, Überreste von Puppenköpfen

Prismen
und Glitzer an der Decke

Une vraie parisienne, eine echte Pariserin, hat natürlich einen Kronleuchter unter der Decke hängen. Wenn man keinen passenden auf dem Flohmarkt findet, kann man ihn auch selbst bauen.

SO GEHT'S:

1. Sammeln Sie verschiedene alte Glasprismen. Oft kann man sie billig als Reste von antiken Kronleuchtern erstehen.

2. Bemalen Sie einen einfachen Ast passend zum Salon-Stil in Weiß. Montieren Sie ihn mit einer Schnur an der Decke.

3. Befestigen Sie das von der Decke herunterhängende Stromkabel samt Lüsterklemme am Ast und wickeln Sie dann drei kleine Strahler mit Zuleitung um das Geäst, die an die Lüsterklemme angeschlossen werden.

4. Dekorieren Sie den Leuchter mit den Glasprismen und weiteren glitzernden Sachen. Vielleicht mit einer Mini-Discokugel?

STORA EMILBOKEN

Pariser Stillleben

Ein Sammelsurium von ungewöhnlichen Dingen ist der Mittelpunkt eines Pariser Stilllebens. Sammeln Sie dazu Gegenstände von unterschiedlichem Charakter, am liebsten mit etwas, das heraussticht.

Großes hinten, Kleines vorn – so lautet das Grundprinzip. Danach kommen die Feinheiten in möglichst lässiger Anordnung. Platzieren Sie etwas Hohes, Großes, beispielsweise einen antiken goldenen Spiegel, der an Versailles erinnert, oder eine Palme in einem dekorativen Topf mit Jugendstil-Charakter, als Basis auf Ihrer Kommode oder dem Tisch. Ordnen Sie dann weitere größere Gegenstände dazu. Ein schwerer Kerzenleuchter ist beispielsweise immer ein guter Blickfang.

Mit Finesse

Bedenken Sie, dass französisches Flair nicht nur aus zuckersüßen Träumen besteht. Eine Girlande mit Papierherzen kommt am besten zur Geltung, wenn man das Verspielte mit einem härter wirkenden Objekt bricht. Das könnte zum Beispiel ein rockiges Schwarz-Weiß-Foto oder ein einzelner alter Bilderrahmen sein.

Denken Sie in Kontrasten. Wenn Sie nostalgische Puppen mögen, dann stöbern Sie nach Überresten von Puppenköpfen, die etwas Morbides und Unheimliches an sich haben.

Lassen Sie das Arrangement weiterwuchern, denn es muss sich nicht nur auf der Kommode oder dem Tisch erstrecken. Arbeiten Sie es an der Wand hinauf oder an den Seiten hinunter. Schaffen Sie Dynamik durch unerwartete Kombinationen, indem Sie eine grobe Obstkiste aus Holz als Regal für feine Dinge benutzen.

Tipp

Eine Schreibmaschine ist ein origineller Fotoständer. Stecken Sie die Fotos scheinbar ungeordnet dazwischen. Fotostreifen aus dem Automaten verleihen den richtigen Retro-Touch.

Das Geheimnis

Die französische Lässigkeit können Sie mit diesem Kunstgriff einfangen: Lassen Sie eine Spitzenbluse im Fenster flattern. Der Kleiderbügel soll wirken, als hätte man ihn im Vorbeigehen flüchtig hingehängt. Vielleicht ist es durchdacht, aber es wirkt eine Spur spontan.

Raue Poesie

Die Französin fügt zu ihrer Einrichtung von allem etwas hinzu. Verträumtes, aber gleichzeitig auch Raues, französische Poesie, aber auch ein wenig Horrorliteratur. Ein Tüllkleid und eine unbehaglich große Uhr. Ein Ziffernblatt ohne Zeiger, eine Anatomietafel mit siamesischen Zwillingen. Dazu dann etwas Kitschiges, Glitzerndes und Farbenfrohes wie eine bunte Lichterkette oder eine Discokugel.

Denken Sie in neuen Bahnen. Haben Sie eine Tür, die irgendwo stört? Benutzen Sie sie als „Pinnwand“ und gestalten Sie darauf eine Collage mit Zeitungsausschnitten und Fotos.

Asymmetrie

In Ihrer Pariser Wohnung darf ein besonderes Objekt gerne herausragen, streben Sie nie nach ebenmäßiger Harmonie. Wenn doch eine ruhige Grundlinie benötigt wird, dann versuchen Sie es mit einem geraden Regalbrett über oder unter dem lebhaften Wandbild. Das Regal bestücken Sie natürlich klassisch französisch mit weißen Buchrücken. Aber vergessen Sie nicht: Der Trick besteht dabei darin, mindestens zwei Lieblingsbücher in einer anderen Farbe zu nehmen. Korallenrot oder Schwarz? Zitronengelb oder Braun?

„Lassen Sie eine Spitzenbluse im Fenster flattern."

„Verträumtes, aber gleichzeitig auch Raues ..."

Spiegel

„… der Inbegriff von Pariser Dekadenz."

Ein Craquelé-Spiegel ist der Inbegriff von Pariser Dekadenz. Hier ein paar Tipps, wie Sie die zerbrechliche Sinnlichkeit betonen können:

- ✔ Stellen Sie eine Rose oder eine Lilie in eine Vase und lassen Sie sie dort verwelken.
- ✔ Mischen Sie kleine und große Spiegel.
- ✔ Stellen Sie Pflanzen ins Badezimmer, sodass sich ihr Grün spiegelt.
- ✔ Hängen Sie eine Halskette über die Spiegelkante, um den femininen Charakter zu verstärken.

Eine Spiegelwand verleiht dem Raum Tiefe.

SO GEHT'S:

1. Sammeln Sie hohe, schmale Spiegel. Auch verspiegelte alte Garderobentüren eignen sich.

2. Stellen Sie die Spiegel etwas versetzt entlang der Wand auf. Kontrastieren Sie das Ganze mit einer Tür ohne Spiegel.

3. Die Spiegel bilden den Fokus im Zimmer, verleihen ihm Tiefe und vermitteln gleichzeitig das spannende Gefühl, dass man nicht genau weiß, was man eigentlich in den verschiedenen Spiegelscheiben sieht.

Spiegelwand

Häkelspitzen

Einen Pariser Look erhalten Möbel ganz schnell und einfach durch Häkelspitzen. Verhüllen Sie einen Stuhl mit einem gehäkelten runden Tuch oder ein ganzes Sofa mit einem gehäkelten Überwurf.

Aus vielen kleinen Deckchen lässt sich eine Deckenlampe basteln, die dem Zimmer einen hübschen Schimmer verleiht, wenn sie leuchtet. Hören Sie während des Anfertigens die Chansons der Musikliste auf Seite 36. Sie vermitteln die richtige Pariser Atmosphäre und lassen Sie nicht ermüden.

„Paris sehen und glücklich sterben."

Guy de Maupassant, 1850–1893

SO GEHT'S:

1. Blasen Sie einen großen Luftballon auf und wickeln Sie ihn in Frischhaltefolie. Stellen Sie den Ballon in eine Schüssel, damit er stabil steht.

2. Weichen Sie die Hälfte der Spitzendeckchen (fünf sind ausreichend) in Tapetenkleister ein und wringen Sie sie anschließend gut aus.

3. Bedecken Sie die obere Ballonhälfte mit den Spitzendeckchen, legen Sie sie so übereinander, dass sie auch herunterhängen.

4. Zwei Tage trocknen lassen. Nun ist die zweite Ballonhälfte dran. Gehen Sie dabei genauso vor wie bei der ersten, aber lassen Sie ganz oben eine ca. 7 cm große Öffnung, durch die später eine Lampenfassung mit Birne passt.

5. Wenn alles getrocknet ist, bringen Sie den Ballon mit einer Nadel zum Platzen. Entfernen Sie die Ballonreste und Plastikfolie. Hängen Sie die fertige Lampe an einer Nylonschnur auf, die oben an der Öffnung angenäht wird.

Farbpalette

Die Farben von Paris sind hell und zart. Wenn man sie mit den Fingerspitzen berühren könnte, wären sie samtweich. Sie sind leicht transparent – wie Seifenblasen. Dazu zählen hautfarbene, lichte und cremige Farbtöne.

Pfirsich
Aprikose
Lavendel
Hellrot
Rosé
Tee
Altsilber
Mondgelb
Smaragdgrün
Taubenblau

BE
expresscool
LG
Peter Lindbergh
Stanley Greene
Brenda Ann Kenneally

La Cuisine

3 Schritte zu einer französischen Küche

- ✔ Ein buntes Sammelsurium, ganz provisorisch und etwas schräg, prägt den Stil. Pastellfarben wie Türkis und Sonnengelb überdecken die Spuren der Zeit.
- ✔ Langweilige Geräte wie einen Kühlschrank, der in einer Pariser Wohnung eigentlich überhaupt keinen Platz hat, kann man verstecken, indem man sie in die Einrichtung „einwebt“. Ein Schwarz-Weiß-Plakat oder etwas ähnlich Charaktervolles lenkt den Blick davon ab und kontrastiert perfekt zu den pastellfarbigen Details. (Selbst wenn man einen ideal passenden Kühl- und Gefrierschrank besitzt, macht sich ein wenig Schwarz-Weiß immer gut.)
- ✔ Ein schlichter Rollwagen mit sichtbaren Drahtkörben unterstreicht den provisorischen Look. Das Geschnörkelte findet sich in den Körben und im Gewürzregal wieder. Es wirkt nostalgisch, aber trotzdem schön, wie ein Pariser Balkon.

FILME

1. **Moulin Rouge!**
Baz Luhrmann, 2001

2. **Die fabelhafte Welt der Amélie**
Jean-Pierre Jeunet, 2001

3. **Drei Farben: Blau**
Krzysztof Kieślowski, 1993

4. **Die zwei Leben der Veronika**
Krzysztof Kieślowski, 1991

5. **Außer Atem**
Jean-Luc Godard, 1960

Tipp

Sammeln Sie Teller mit schönen Mustern, zum Beispiel Rosen, und stellen Sie sie sichtbar auf. Oder stapeln Sie Café-au-Lait-Schalen und Flaschen aus blaugrünem Glas auf dem Bord.

„Ein buntes Sammelsurium, ganz provisorisch und etwas schräg, prägt den Stil."

Vogelbauer

Schöne, filigrane Vogelbauer passen überall hin und verbreiten eine heimelige Pariser Atmosphäre. Mit einem zwitschernden Kanarienvogel in der Ecke stellt sich die Stimmung im Nu ein. Wenn Sie keinen Vogel in der Wohnung haben möchten, können Sie den Käfig auch zu ganz anderen Dingen zweckentfremden.

1. Ein Vogelbauer kann auch leer schlicht und einfach schön sein.

2. Benutzen Sie ihn als Regal und stellen Sie hübsche Sachen hinein. Gestalten Sie ein Stillleben mit Gegenständen, die Sie mögen: eine Feder in einer Vase, eine Parfümflasche, ein Porzellanhund.

3. Funktionieren Sie den Käfig in einen Kronleuchter um und hängen Sie ihn an der Decke auf. Ziehen Sie ein Lampenkabel mit einer Fassung hinein und dekorieren Sie das Ganze zusätzlich mit einer Lichterkette.

4. Gestalten Sie den Vogelbauer mit Deko-Vögeln und Federn aus dem Bastelladen.

5. Schlingen Sie grüne Efeuranken durch die Gitter und benutzen Sie den Käfig als Spalier und Platz für Blumentöpfe.

INPUT
VOLUME
TREBLE
MID
BASS
GAIN 1
GAIN 2
TREBLE
BODY
BASS
VOLUME
REVERB
EFFECTS MIX
FOOT SWITCH
Performer
1000
VACUUM TUBE DISTORTION
POWER
Fender

BÜCHER

1. **Die Eleganz des Igels**
   Muriel Barbery, 2006
2. **Zusammen ist man weniger allein**
   Anna Gavalda, 2004
3. **Paradiesische Aussichten**
   Faïza Guène, 2006
4. **Memoiren einer Tochter aus gutem Hause**
   Simone de Beauvoir, 1958
5. **Pariser Chic – Der Style-Guide**
   Inès de la Fressange, 2011

MUSIK

1. **Moi je joue** (Brigitte Bardot, Alain Goraguer)
2. **Sous le ciel de Paris** (Edith Piaf)
3. **Je ne regrette rien** (Edith Piaf)
4. **Comment te dire adieu** (Françoise Hardy)
5. **Te souviens-tu?** (Jane Birkin, Manu Chao)
6. **Poupée de cire, poupée de son** (France Gall)
7. **Jolie Coquine** (Caravan Palace)
8. **La Bohème** (Charles Aznavour)
9. **Quelqu'un m'a dit** (Carla Bruni)
10. **Et moi, et moi, et moi** (Jacques Dutronc)
11. **Bonnie and Clyde** (Brigitte Bardot, Serge Gainsbourg)
12. **La vie en rose** (Edith Piaf)

Au revoir Paris!
FLEURS
P

London

London ist **exzentrisch.**
Voller Übertreibungen und Humor. Ein typisches Londoner Townhouse ist hoch, schmal und hat eine Wendeltreppe. Die Räume können dunkel sein, funkeln aber von viktorianischem Gold und **verschwenderischem** Blumenschmuck.

Hier wohnt ein echt britischer **Geschichtenerzähler,** der sowohl Fan der Punkband Sex Pistols ist als auch die Queen und „Alice im Wunderland" verehrt.

Irgendwie leicht verträumt und spleenig, mit einigen **Stilbrüchen …**

Das Geheimnis:
Es gibt keine Grenzen.

Stimmung in London

Warum fällt einem zu London immer dieses besondere Getöse sein? Vielleicht wegen des vielen Trubels überall in der City. Auf den Märkten liegen die Blumenkohlköpfe dicht an dicht mit Vintage-Kleidern und alten Reisetaschen, die ihren Geruch aus dem kolonialen Neu-Delhi bewahrt haben. Die U-Bahn dröhnt unter der Erde, die roten Doppeldecker treiben zusammen mit den melonenförmigen Taxis wie große Schiffe durch den Verkehr.

Charakter

Die Londoner Reihenhäuser sind nicht nur hoch und schmal, sondern auch etwas krumm und schief und lehnen quasi aneinander. Viele ihrer Baustile sind nach englischen Königen und Königinnen benannt: georgianisch, viktorianisch, edwardisch. Allen gleich ist die Vorliebe für Dekor, weshalb man auch reichlich Stuck an den Zimmerdecken findet.

Manche der Häuser wurden nach den Bombenangriffen im Zweiten Weltkrieg provisorisch wieder aufgebaut. Alle haben spitze Dächer, wirken etwas geheimnisvoll und manchmal haben sie einen winzig kleinen Garten auf der Rückseite. Diese typischen Häuserreihen werden durch einige Paläste sowie Arbeiterwohnungen und Werkstätten unterbrochen.

Kulturerbe

Es wird erzählt, dass Anna Maria Russell, die 7. Herzogin von Bedford, den Afternoon-Tea eingeführt hätte. Eigentlich war es aber die königliche Teeparty von Königin Viktoria 1868 im Buckingham Palace, die diese Tradition begründete. Ich selbst mag das Bild aus *Alice im Wunderland,* auf dem der verrückte Hutmacher zum Tee einlädt: sein unendlich langer Tisch, mit unendlich vielen Teekannen, Kuchentellern und Tassen in unterschiedlichsten Größen, Mustern und Formen.

Und natürlich darf zu dieser fantasievollen Verrücktheit ein literarisches Schwergewicht wie Oscar Wilde nicht fehlen: „Die beste Art, eine Versuchung loszuwerden, ist, ihr nachzugeben.“ Beides zusammen prägt das britische Heim. Wie wird man also „very British“?

3 kurze Schritte

zum „Way of London“

- ✔ Hören Sie „London Calling“ von The Clash.
- ✔ Währenddessen kochen Sie sich eine große Kanne Tee und setzen sich gemütlich mit Virginia Woolf aufs Sofa, um Mrs. Dalloway einen Tag lang in London zu begleiten.
- ✔ Schauen Sie die schräge Filmkomödie *Ein Fisch namens Wanda* an.

Exzentrisch wohnen

Der Weg zu einem typischen „London Home"

Von wem handelt unsere Story? Nun, von jemandem, der Blumen und Gold liebt und das viktorianische Erbe auf seine Art bewahrt. Jemand, der Mary Poppins mit David Bowie kombiniert, großblumige Cretonne-Stoffe mit goldenen Sitzpuffs zusammenbringt und ein ausrangiertes Spitzendeckchen als Küchengardine verwendet.

Wenn Ihr Wohnzimmer „very British" werden soll, dann befolgen Sie einfach diese Tricks:

- ✔ Suchen Sie sich ein schlichtes Sofa als Basismöbel aus, damit das Drumherum einen Überraschungseffekt auslöst.
- ✔ Seien Sie mutig beim Kombinieren, auch wenn es etwas Übung erfordert. Keine Angst, viele Interieurs inspirieren dazu.
- ✔ Beginnen Sie zunächst mit einer Farbe, beispielsweise Blau. Blautöne beißen sich nie und man kann damit sowohl großblumige als auch kleine Liberty-Blümchenmuster harmonisch arrangieren.

Tipp *Versuchen Sie, verschiedene Farbtöne der kräftigen britischen Farbpalette zu kombinieren, zum Beispiel: Moosgrün und Rostrot, Olivgrün und Rosa oder Zimtbraun und Kirschrot.*

Noch raffinierter wird es, wenn das Sofa denselben großblumigen Stoff erhält wie die Vorhänge. Stöbern Sie auf Flohmärkten nach Mustern, bei denen Sie so viel wie möglich von einer Sorte bekommen können. Hat man mehrere Stoffbahnen zur Auswahl, kann man entweder die Fensterrahmen mit hohen, schmalen Stores einfassen oder einen durchgehenden Vorhang nähen. Je mehr vom selben Stoff, desto besser.

Nachdem wir nun mit dem Kombinieren begonnen und verschiedene Nuancen ausprobiert haben, kommt es uns fast zu einfach vor. Blättern wir um!

Wonderful

Seien Sie etwas verrückt. Kombinieren Sie das braune Leder mit dem blauen Blümchenstoff der Drehsessel aus den Sechzigern und Siebzigern.

Weitere Zusammenstellungen von Farbtönen, Materialien und Mustern:

- ✔ Metallicgrün und Schlangenledermuster
- ✔ Gelb und Schottenkaromuster

Experimentieren Sie auf eigene Faust nach persönlichem Geschmack.

Funkelndes Gold:

- ✔ Messing-Leuchter sind ein Muss. Sie sind preiswert und glänzen noch mehr, wenn sich die Kerzenflammen darin spiegeln.
- ✔ Suchen Sie nach Armleuchtern für die Wände, die mit Rosen und Engeln geschmückt werden dürfen.
- ✔ Stöbern Sie auch nach opulenten Antikschätzen im Empire-Stil. Toll sind Dinge, die einen ägyptischen Touch haben: eine Sphinx, ein Adler oder Palmetten.

1810 contra 1970

Der Empire-Stil bildet einen fantastischen Kontrast zu den Ledersesseln der 1970er-Jahre. Überlegen Sie weiter! Was passt noch dazu? Vielleicht etwas leuchtend Buntes wie beispielsweise ein Kreuz mit Blinklichtern? Falls Sie ein ausreichend großes Exemplar finden, lehnen Sie es an die Wand. Diese Zusammenstellung ist genauso schräg wie befreiend.

Weitere Kombinationen, die man gut mit dem Empire-Stil kontrastieren kann:

- ✔ Stehlampe mit buntem Schirm
- ✔ Stühle aus Plastik
- ✔ alles Orangefarbene
- ✔ großgeblümte Muster

Kombinationen, die den Empire-Stil unterstreichen:

- ✔ Palmen im Kübel
- ✔ Stühle mit Samt- und Plüschbezügen
- ✔ alles in dunklem Weinrot

Um den Charakter des Raumes abzurunden, sollten Sie noch ein romantisches Blumenbild oder Porträt hinzufügen. Es darf auch ungerahmt sein und wird an die Wand gelehnt.

Empire-Stil
1970er-Jahre
Idylle

„Die Verkäufer scheinen einem Film der 1920er-Jahre entsprungen.“

Flohmärkte in London

In der Portobello Road denkt man unweigerlich, dass Hugh Grant genau jetzt durch diese blaue Tür seiner Buchhandlung spähen müsste, in der er dann mit Julia Roberts zusammentrifft – wie im Film *Notting Hill.*

Auf den Bürgersteigen drängen sich die Flohmarktstände. Hier gibt es, neben vielen anderen Schätzen, meine Lieblingsbecher mit einem Bild von Königin Elisabeth. Diese Tassen sind ganz alltäglich und fast schon unansehnlich, aber eben mit einem Porträt der Queen dekoriert. Die meisten Händler bieten sie an. Für mich sind sie Kultobjekte.

Pop up-market

Vom malerischen Stadtteil Notting Hill wechseln wir zur anderen Seite Londons in das Hipster-Paradies der Brick Lane. Auch hier wimmelt es überall von Menschen. Eine geheimnisvolle Tür mit einem handgeschriebenen Schild steht einen Spalt offen: „Pop up-market". Zwei Treppen tiefer stapeln sich Trödel und kuriose Vintage-Klamotten. Die Verkäufer scheinen einem Film der 1920er-Jahre entsprungen. Sie tragen Secondhand-Anzüge mit passender Weste oder cremefarbene Musselin-Kleider, Haarreifen mit Blumenschmuck, rot geschminkte Lippen – total retro, blumig, fantastisch. Jemand sitzt an einer alten Nähmaschine und näht etwas aus den Fundstücken. Ein Mann mit Turban verkauft große Büschel mit Pfauenfedern.

So geht es zu auf den Flohmärkten in London. Hier einige Anregungen, was Sie kaufen sollten, wenn Sie dorthin kommen.

„Eine geheimnisvolle Tür mit einem handgeschriebenen Schild steht einen Spalt offen ..."

CHECKLISTE FLOHMARKT

1. Spitzendeckchen
2. Porzellanhunde
3. Taschentücher mit Blumenmuster
4. alte Lampenfüße
5. kleine, verschnörkelte Teller
6. Blumengemälde
7. Tassen mit dem Porträt der Queen
8. fast alles, was glänzt und schwülstig ist: Vasen, Kerzenständer, Spiegel, Vorhangstoffe
9. Liberty-Stoffe

Süße Träume

Zu einem britischen Schlafzimmer gehört der offene Kamin genauso selbstverständlich wie eine gut sortierte Bibliothek. Je mehr Bücher, desto besser – am liebsten bis unter die Decke. Mit Wänden in einem hellen, gedämpften Farbton erhält der Raum seinen britischen Farbcharakter. Anstelle eines offenen Kamins kann man auch eine alte Kommode als Sammelpunkt für schöne Dinge nutzen.

- ✔ Streichen Sie die Kommode schwarz, damit sie besser im Raum wirkt.
- ✔ Bauen Sie sie rundum mit Bücherregalen bis zur Decke ein. Stellen Sie eine Leiter an die Regale und sofort entsteht die Stimmung einer „British library".
- ✔ Ein antiker Spiegel über dem Kamin oder der Kommode gibt dem Raum Tiefe.
- ✔ Platzieren Sie die schwülstigste Vase, die Sie auftreiben können.
- ✔ Alte Parfumflakons sind ein Muss.
- ✔ Fügen Sie Ihre schönsten Schwarz-Weiß-Fotos und Zeichnungen hinzu und hängen Sie Ihr Lieblingsbild an die Wand.

„Er nahm meine Jacke und führte mich in ein Wohnzimmer, das mich unweigerlich an Oscar Wilde denken ließ."

aus 84, *Charing Cross Road. Eine Freundschaft in Briefen* von Helene Hanff

BÜCHER

1. **84, Charing Cross Road. Eine Freundschaft in Briefen**
   Helene Hanff, 1970
2. **Saturday**
   Ian McEvan, 2005
3. **Zähne zeigen**
   Zadie Smith, 2000
4. **Mrs. Dalloway**
   Virginia Woolf, 1925
5. **Eine Weihnachtsgeschichte**
   Charles Dickens, 1843
6. **London Style Guide**
   Saska Graville, 2012

FILME

1. **Notting Hill**
   Roger Michell, 1999
2. **Sherlock Holmes**
   Guy Ritchie, 2009
3. **Sie liebt ihn – sie liebt ihn nicht**
   Peter Howitt, 1998
4. **Das Bildnis des Dorian Gray**
   Albert Lewin, 1945
5. **Ein Fisch namens Wanda**
   Charles Crichton, 1988

„Sorgen Sie für Überraschungseffekte ...“

Tipp

Der London-Look spielt mit Dimensionen und Überraschungseffekten sowie mit gedämpften Farben.

- ✔ Ein mattes Dunkelblau an den Wänden vermittelt eine märchenhafte Stimmung. Will man nicht extra neu anstreichen, genügen auch Plaids und Kissen im selben Ton. Passend dazu spendet ein brauner Lampenschirm gedämpftes Licht.
- ✔ Suchen Sie nach Objekten in Tierform. Sie können gern lebensgroß sein, vielleicht sogar noch etwas größer. Auch ein überdimensionales Tierbild passt hervorragend.
- ✔ Sorgen Sie mit umfunktionierten Objekten für Überraschungseffekte. Was könnte sich beispielsweise als Couchtisch eignen? Was gibt es in passender Höhe und Größe? Ein antiker Schlitten? That´s it!

Dimensionen

Tipp

The Kitchen

In einer Londoner Küche soll man das Gefühl bekommen, dass gleich etwas Unerwartetes auftaucht. Hübschen Sie hässliche, aber notwendige Dinge auf. Nehmen Sie ihnen den tristen Eindruck mit einer originellen Idee, zum Beispiel:

- ✔ Setzen Sie einen ausgestopften schwarzen Vogel auf den Warmwasser-Boiler.
- ✔ Das Küchenfenster wird mit Tüll und viktorianischen Spitzentüchern verhüllt.

Als Kontrast zu den Spitzengardinen ist es fast schon zwingend, ein einfaches Metallregal für Vorräte einzurichten. Stellen Sie Dosen, Schachteln, Tassen und Gläser hinein. Es belebt das Viktorianische und ist im Alltag nützlich.

Käfer und

In einer Londoner Küche ist alles erlaubt. Ein Seepferdchen im Glasrahmen, eine Barockschale, um Kellen und Kochlöffel aufzubewahren, oder Käferornamente auf den Tellern.

SO GEHT'S:

1. Sammeln Sie unterschiedliche Teller – mit Goldrand, verschnörkelt oder mit Blumenmuster. Reiben Sie sie mit Glasreiniger ab, damit sie fettfrei sind.

2. Stöbern Sie nach alten Abziehbildern auf dem Flohmarkt oder nehmen Sie moderne, beispielsweise Käfermotive.

3. Tauchen Sie das Abziehbild ins Wasser, bis sich das Papier löst. Warten Sie nicht zu lange, damit der Kleber nicht abweicht.

4. Applizieren Sie die Folie auf das Porzellan, streichen Sie eventuelle Luftblasen heraus und lassen Sie das Bild trocknen.

5. Härten Sie das Porzellan im Ofen. Damit es spülmaschinenfest wird, benötigt man einen richtigen Keramikofen mit entsprechend hohen Temperaturen für Porzellan. Man kann sich aber auch auf eine einfache Härtung im eigenen Backofen bei 180 Grad beschränken. Dann darf das gute Teil zwar nicht in die Spülmaschine, aber es wird ein wunderschönes Schmuckstück.

Seepferdchen

UNIT 8
UNIT 9

Electric Green

Tipp

Ein spleeniger Lampenfuß gibt dem Raum einen echt britischen Touch. Suchen Sie auf dem Trödel nach romantischen Pärchen, tanzenden Ballerinas und Rosen, Harlekinfiguren oder nackten Damen – je mehr Klimbim, desto schöner. Indem man Fuß und Figuren in der gleichen Farbe bemalt, wirkt es gleich völlig anders.

SO GEHT'S:

1 Kontrollieren Sie das Lampenkabel. Wenn es beschädigt ist, tauschen Sie es gleich ganz aus. Vielleicht reicht auch ein Adapter.

2. Säubern Sie die Lampe von Staub und Fett, eventuell mit Spiritus-Reiniger.

3. Nehmen Sie Sprühfarbe, wenn man keinen Pinselstrich sehen soll oder wenn viele Schnörkel am Lampenfuß sind.

4. Lackieren Sie die Lampe möglichst im Freien. Fangen Sie mit einer Grundierung an, damit die Farbe gut hält.

5. Sprühen Sie die Farbe mehrmals dünn auf, bis sie in allen Winkeln deckt. Lassen Sie sie dann nach Anweisung trocknen.

Farbvorschläge:
- Giftgrün kommt gut, weil es so unerwartet ist.
- Kirschrot oder Neongelb können den gleichen Effekt haben.
- Schwarz wirkt raffiniert und Weiß stilecht.

Das Badezimmer

Mitten im Schlafzimmer eine Badewanne! So etwas findet man wohl nur in London. Auch ein Waschbecken auf gedrechselten Beinen sieht man nicht überall. Aber es gibt noch mehr Ideen, wie man das Badezimmer einrichten kann.

- ✔ Hängen Sie Sonnen- und Strohhüte auf oder stellen Sie einen hübschen Kimono an einem Kleiderbügel zur Schau.
- ✔ Platzieren Sie einen schönen Spiegel, am besten mit üppigem venezianischen Prunk.
- ✔ Hängen Sie eine Perlenkette an den Handtuchhaken.
- ✔ Verhüllen Sie das Fenster mit Spitzengardinen.

„Verhüllen Sie das Fenster mit Spitzengardinen."

„Hängen Sie eine Perlenkette an den Handtuchhaken."

Feine Spitzen

Um aus einer Spitzentischdecke mit langen Fransen eine Gardine zu zaubern, braucht man nicht viel Zeit.

SO GEHT'S:

1. Falten Sie einen Saum von 1 bis 2 cm – so wie es mit dem Muster am besten auskommt.
2. Klipsen Sie kleine Gardinenhäkchen in gleichmäßigen Abständen an das Tuch und hängen Sie sie in die Gardinenschiene ein.

MUSIK

1. London Calling
(The Clash)

2. Rock the Casbah
(The Clash)

2. What Katie Did
(The Libertines)

3. The Lovecats
(The Cure)

4. Penny Lane
(The Beatles)

5. Back to Black
(Amy Winehouse)

6. Changes
(David Bowie)

7. Running up that Hill
(Kate Bush)

8. This Charming Man
(The Smiths)

9. Sgt. Pepper's Lonely Hearts Club Band
(The Beatles)

10. Breezeblocks
(Alt-J)

11. The Passenger
(Siouxsie and the Banshees)

05/08/2012

Farbpalette

Die Farben von London sind gedämpft und dunkel, mit viel Tiefe, fast düster. Parallel dazu gehören Neontöne zum Farbschema.

Mitternachtsblau
Samtblau
Moosgrün
Olivgrün
Flaschengrün
Zimtbraun
Rostrot
Kirschrot
Bordeaux
Gold

Partyglitter

Es ist das Vermächtnis von Königin Viktoria, dass Glanz und Glitter etwas echt Britisches sind und damit typisches Londoner Flair vermitteln.

- ✔ Ein Pailletten-Top an der Wand verkörpert unmittelbar Partystimmung. Hängen Sie ein paar schillernde Halsketten und Armbänder an denselben Bügel.
- ✔ Die Sammlung von Reisetaschen wirkt noch edler, wenn das Ensemble nur aus weißen Taschen besteht.
- ✔ Vergessen Sie den schön dekorierten Barwagen nicht, der für ein britisches Zuhause ein absolutes Muss ist.

MUNICIPAL PARKING
ONE WAY
STOP
ALL WAY

New York

New York ist künstlerisch, unkonventionell, intellektuell und **smart.** Ein klassisches New Yorker Loft liegt in einer ehemaligen Fabrik, hat eine große offene Atelierhalle mit Betonboden und unverputzte Wände.

Durch die spröde wirkenden Sprossenfenster fällt fahles **Morgenlicht** in den großen einzigen Raum mit seiner meterhohen Decke. An der Wand lehnt ein Fahrrad. Grüne Pflanzen winden sich von der Decke herab. Die Einrichtung besteht aus **einfachen Basics.** Sie ist zurückgenommen und ohne jeglichen Showeffekt.

Das Geheimnis:
schlicht mit Stil

Stimmung in New York

Wie kommt dieses außergewöhnliche New Yorker „Feeling" zustande? Es kommt auf, wenn man den Kopf so weit in den Nacken legt, dass man die goldglänzende Spitze des Chrysler Buildings betrachten kann. Oder wenn man die Aussicht von einer Dachterrasse in der 62. Etage genießt. Oder beim Anblick des Sonnenuntergangs hinter den Wolkenkratzern.

Charakter

Zu Beginn des 20. Jahrhunderts errichtete man in den Vereinigten Staaten die ersten Wolkenkratzer. In Manhattan baute man Häuser höher als je zuvor, damit alle Einwanderer Platz finden sollten. Die Wolkenkratzer und Fassadengestaltungen des Art déco sind eine besonders eindrucksvolle New Yorker Form der Architektur.

1883 wurde die Brooklyn Bridge eingeweiht. Sie hatte bereits kunstvolle Straßenlaternen, die eingeschaltet wurden, sobald es dämmerte. Zwanzig Jahre jünger ist die einst rote Williamsburg Bridge, die heute voller Graffiti ist. Gegenüber von Manhattan, auf der anderen Seite der Brücken, liegt Brooklyn mit seinen vielen typischen Lofts. Es sind ehemalige Fabrikgebäude mit interessanten Details aus der Jahrhundertwende, die zu Wohnungen und Ateliers umgebaut wurden und in ihren Innenhöfen Gemeinschaftsgärten und dschungelähnliche Grünoasen bergen. Sie sind unser nächstes Ziel.

Kulturerbe

Denken Sie an den rauchgeschwängerten Jazz der 1920er-Jahre mit Ella Fitzgerald und Louis Armstrong im Cotton Club in Harlem. Dort liegt der Grundstein des New Yorker Kulturerbes. Von dort verläuft die Achse weiter zu Andy Warhols Factory, in der Personen wie Allen Ginsberg und Bob Dylan ein- und ausgingen, dann zu Patti Smith und Robert Mapplethorpe und schließlich zum Disco-Zeitalter der 1970er-Jahre im Studio 54. Im Blickwinkel immer zugegen sind die Silhouetten der Skyscraper, der Freiheitsstatue und des Ground Zero.

All das schafft die Basis für eine Einrichtung im „New Yorker Way".

3 kurze Schritte

zum Einstimmen

- ✔ Hören Sie Ihre New Yorker Lieblingssongs. Einer meiner Favoriten ist „Sunday Morning" von The Velvet Underground. Er gibt haargenau die Atmosphäre wieder, wenn das Morgenlicht durch die Fensterscheiben blinzelt.
- ✔ Versinken Sie für eine Weile in Romanen, die in New York spielen. Versetzen Sie sich in die Wohnung von Violet und Bill in Lower East, wie sie Siri Hustvedt in *Was ich liebte* beschreibt.
- ✔ Schlicht, aber künstlerisch – dieses Stilgefühl wollen wir erkunden in der „Stadt, die niemals schläft".

Loft Style

So gestaltet man ein typisches New Yorker Loft

Wer könnte in unserer Fantasie hier wohnen? Eine Künstlerin, ein Bohemien? Was könnte sie oder er liegen gelassen haben? Pinsel, Federn, Bücher?

Schauen Sie sich in Ihren vier Wänden um: Gibt es Materialien, die grob und ungeschliffen aussehen? Betonen Sie Details in Ihrer Wohnung, die industriemäßig aussehen. Gibt es sichtbare Wasserleitungen? Oder eine Betonwand unter der Tapete, die man freilegen könnte?

Das Grobe wird anschließend mit etwas Zarterem gebrochen.

Orientteppiche spenden ein behagliches Wohngefühl. Sisalteppiche sind eine preiswertere Alternative und ein guter Kompromiss.

Auch Farbakzente braucht man, um den typischen New Yorker Loft-Charakter einzufangen. Zum Beispiel mit einem knallroten Sessel oder einer safrangelben Chaiselongue.

Nun haben wir fast alles unter Dach und Fach und können die kleinen Details und antiken Trödelschätze arrangieren.

Innen grüne Aussichten

Grüne Blätter winden sich von der Decke herab, in der Ecke stehen Palmen, in der Fensternische ein Feigenbaum. Der Kontrast zwischen dem lebendig Grünen und dem Industriegrau ist wohltuend. Man kann sich ganz leicht eine grüne Oase mitten in der Stadtwohnung schaffen.

SO GEHT'S:

1. Suchen Sie auf Trödelmärkten nach Blumenampeln. Makramee ist ideal, geeignet sind aber auch Materialien wie Korb, Holz oder Keramik.

2. Wenn Rohrleitungen unterhalb der Decke entlangführen, müssen Sie die Körbe nur noch dranhängen. Gibt es Balken unter der Decke, vielleicht auch unter Gipsplatten versteckt? Dann montieren Sie die Ampeln daran. Ansonsten begnügen Sie sich damit, die Töpfe an einer Gardinenstange aufzuhängen. In unterschiedliche Höhen gestaffelt wirken sie am besten. Auch mit Fleischerhaken kann man die Höhe variieren.

3. Achten Sie beim Bepflanzen darauf, dass der Topfboden mit einer Plastikfolie abgedichtet wird, und befüllen Sie die Töpfe mit einer Schicht Blähton. Wählen Sie Pflanzen mit verschiedenen Blattformen: Grünlilien, die mit ihren Ablegern an dünnen Stielen herabhängen, oder andere Hängepflanzen wie die Leuchterpflanze oder die anspruchslose Muehlenbeckia. Auch Pflanzen mit etwas größeren Blättern wirken gut als Strukturpflanzen.

4. Begnügen Sie sich nicht nur mit Grünpflanzen an der Decke, sondern erweitern Sie Ihre Begrünung auch auf Regale und Tische. Ab sieben Pflanzen stellt sich eine echte Dschungel-Atmosphäre ein.

ARAKI

Mehr Garten-Flair

Hängende Gärten in Ampeln Pflege: mittel; das Gießen in der Höhe kann etwas umständlich sein, ist aber sehr effektiv. Pflanzenarten: Efeutute, Purpurtute, Grünlilie, Passionsblume und Jungfernrebe.

Mediterraner Garten Pflege: regelmäßig; benötigt Sonne, Wärme und Liebe. Gelegentlich gießen. Pflanzenarten: Feigenbaum, Zitronengeranie, Fikus und Chilipflanzen.

Wüstengarten Pflege: minimal; verträgt jede Trockenheit, Wärme und Sonnenhitze. Pflanzenarten: Sukkulenten, Aloe Vera, Wüstenrose, Porzellanblume und Bogenhanf.

Flohmärkte in New York

Die Wellen schwappen ans Ufer und der Blick auf Manhattan auf der anderen Seite des Hudson Rivers ist überwältigend. Einen Katzensprung entfernt herrscht Hochbetrieb auf dem Flohmarkt in Williamsburg. Dicht an dicht stapeln sich Kisten mit Skelettteilen, Eichhörnchen-Kobeln und alten Ziffernblättern. Hier findet man wunderschöne Zinnplatten aus Abbruchhäusern, Schmuckstücke aus antiken Schreibmaschinentasten und kleine Kunstwerke aus alten Landkarten.

Zwischen Wolkenkratzern

Die Fähre vom Anleger an der Kent Avenue geht direkt hinüber nach Midtown Manhattan. Nach einem Spaziergang einige Häuserblöcke weit Richtung Südwesten landet man bald in Hell's Kitchen. Dort, an der 25th Street, befindet sich zwischen den Wolkenkratzern der Flohmarkt. Überall findet man alte Schneiderpuppen, Militärkram und Globen. Die Verkaufstische stehen so dicht an den Hochhauswänden, dass der Himmel unendlich weit weg erscheint.

Ein Stück weiter liegt The Antiques Garage. Die Flohmarkthalle ist voll mit Krimskrams und Trödelsachen: alte amerikanische Fotokameras, Bilder und Blumenampeln, die von verrückten alten Tanten verkauft werden.

So kann ein Flohmarkt-Samstag in New York aussehen.
Danach sollten Sie Ausschau halten:

CHECKLISTE FLOHMARKT

1. Körbe und Blumenampeln
2. Industrieleuchten
3. Skelette und Schädel
4. Schmetterlinge
5. Ziffernblätter
6. Zinnplatten
7. schöne Flaschen
8. alte Fahnen
9. Federn
10. Bücher

„... zwischen den Wolkenkratzern befindet sich der Flohmarkt."

HEITIR DISKAR
SODIN YSA 300
SALTKJOT & BAUNIR 400
HANGI KJOT & UPPSTUF 400
LAMBA LAERI 420
HROGN & LIVUR 350
SLATUR 430
PLOKKFISKUR 260
SVIDASULTA 190
HRUTSPUNGUR 370
PIPAR STEIK 590
SVID & ROFA 460
HEITAR & KALDAR SAMLOKUR
TUNFISK SALAD 240
DREKA 240
GRAENMETIS 250
LAX & RJOMAOST 340
TOMAT & SALAT 250
EITT EGG & TOMAT 220
BAUNA SALAT 230
SILDAR SALAT 250
HAMBORGARI 550
GRILLUD OST 460
EGG SALAD 230
DESERT
AVEXTIR MED RJOMA 190
EPLA TERTA 160
EDAL TERTA 150
MARINS TERTA 150
VAFLA MED RJOMA 120
VINA BRAUD 110
BRAUD TERTA 130
GOS 50
INDIA & LOLA
Dolly
REYKA
nyc recycles

Brownstone

Brownstone-Häuser, die unter anderem im Trendviertel Park Slope in Brooklyn typisch sind, wurden Ende des 19. Jahrhunderts aus braunem Sandstein gebaut. Viele dieser Häuser haben besondere Deckenverkleidungen aus fein geprägten Zinnplatten, die eine preiswertere Alternative zu den europäischen Stuckdecken aus Gips waren.

Lampenkunst

Mit einem Nagel und einem kleinen Hammer machen Sie aus einer Industrielampe ein Kunstwerk.

SO GEHT'S:

1. Skizzieren Sie das gewünschte Muster auf dem Lampenschirm. Soll er mit einer Zickzacklinie versehen werden oder mit kleinen Punkten, die ein Blumenmuster bilden? Oder soll es vielleicht doch ein Schriftzug sein, beispielsweise „Guten Morgen"?

2. Fixieren Sie den Lampenschirm mit Schraubzwingen oder bitten Sie jemanden, ihn auf einer stabilen Unterlage festzuhalten. Legen Sie ein Brett als Schutz dazwischen.

3. Schlagen Sie vorsichtig kleine Löcher entlang der markierten Linien in den Schirm.

4. Besonders gut sieht es aus, wenn man zum Schluss eine grobe Schnur um die Fassung und das Kabel wickelt und am Stecker abknotet.

MOMMi TAKiNG A NAP!

Schätze der Natur

Skelette, Schädel und Knochenteile sind skurrile Schönheiten. Bald kann man sich gar nicht mehr von diesen faszinierenden Zähnen losreißen, die wie kleine Schmuckstücke aussehen. Ihr markantes Aussehen und die klaren Linien verzaubern einen geradezu. Beim Einrichten ergeben sie zusammen mit Schmetterlingen und Federn ein schönes Arrangement.

„... Zähne, die wie kleine Schmuckstücke aussehen."

Auch mit Muscheln und Schneckenhäusern kann man tolle Dinge kreieren. Nehmen Sie Ihre alten Schätze vom Strandurlaub oder kaufen Sie Muscheln auf Flohmärkten und gestalten Sie einen Muschel- und Schneckenhausspiegel.

SO GEHT'S:

1. Suchen Sie sich einen einfachen Spiegel vom Trödel und grundieren Sie den Rahmen in Weiß. Lassen Sie ihn trocknen.

2. Die Fundstücke sollten gut gesäubert sein, damit die Farbe besser hält.

3. Kleben Sie die Muscheln und Schneckenhäuser mit Komponentenkleber dicht aneinander. Beginnen Sie mit einfachen Kammmuscheln an der Außenkante und ergänzen Sie dann die ungewöhnlicheren Formen.

4. Wenn die Dekoration komplett angebracht und ausgetrocknet ist, kann sie bemalt werden. Nehmen Sie Acrylfarbe auf Wasserbasis, die auf vielen Materialien hält. Streichen Sie zwei- bis dreimal dünn drüber, damit es schön gleichmäßig aussieht.

Muschel-spiegel

„Jazz ist die Musik des Körpers.“

Anaïs Nin, 1903–1977

& IONA

TATTOOS

Farbpalette

Die New Yorker Farbskala besteht aus verschiedensten Brauntönen. Auch leichte, monochrome Grautöne vermitteln die passende Atmosphäre. Dazu werden Akzente in klaren Farben gesetzt.

Umbra
Kaffeebraun
Eichhörnchenbraun
Rostrot
Schädelweiß
Betongrau
Meeresgrau
Stein
Wüstensand
Klares Rot
Safrangelb
Moosgrün

DREAMS
RECEPTION

Schreibtischkunst

Ein New Yorker würde niemals ein Buch wegwerfen, sondern es höchstens an ein Antiquariat abgeben. Dennoch hat man immer Bücher, die man am liebsten auf dem Dachboden verschwinden lassen würde. Mit ihnen kann man aber auch etwas ganz anderes anstellen. Hier zwei New Yorker Ideen, wie Sie ausrangierte Bücher umfunktionieren können.

SO GEHT'S:

Für einen Schreibtisch mit runden Tischbeinen.

1. Sammeln Sie so viele Bücher, dass es für vier Tischbeine reicht. Die Anzahl kann unterschiedlich sein, je nachdem, wie dick die Bücher und die Beine lang sind. Mit etwas dickeren Büchern geht es am besten.

2. Bohren Sie mit einer Lochsäge in jedes Buch ein Loch, dessen Durchmesser etwas dicker als der des Tischbeines ist. Die Bücher dürfen nicht zu dick sein, sonst fallen sie leicht auseinander.

3. Drehen Sie den Tisch auf die Platte um und stecken Sie die durchbohrten Bücher auf die Beine.

4. Kleben Sie bei jedem Tischbein das letzte Buch mit Klebeband kreuzförmig ab, damit die Bücherstapel beim Umdrehen nicht herunterrutschen.

5. Stellen Sie den Tisch wieder auf und verdrehen Sie die Bücher etwas, sodass etwas unregelmäßige Bücherstapel entstehen.

SO GEHT'S:

1. Trennen Sie vorsichtig alle Seiten aus dem Buch heraus.

2. Schneiden Sie ein Sperrholzbrett in passender Größe und Dicke zu. Es sollte etwa 2 cm schmaler sein als die Buchdeckel. Kleben Sie das Brett mit Holzleim zwischen die Buchdeckel und lassen Sie es trocknen.

3. Bohren Sie vorsichtig zwei Löcher durch Buchdeckel und Brett; an jeder Seite eins.

4. Schrauben Sie zwei Winkeleisen durch die Löcher und montieren Sie das Bücherbord damit an der Wand.

Bücherbord

Stars and Stripes

Die Flagge an der Wand hat 43 Sterne, was bedeutet, dass sie mindestens aus dem Jahr 1890 ist. Man hat sie zusammengerollt tief unter dem Dachstuhl eines abbruchreifen Hauses gefunden.

Für jeden Bundesstaat – heute sind es 50 – setzte man einen Stern auf die amerikanische Flagge. Die Streifen stehen für die 13 Gründungsstaaten im Jahr 1776. Über einem Schreibtisch ist sie ein toller Blickfang.

Grünzeug aus der Flasche

„Drei hohe Fenster im hinteren Teil des einzigen Raumes leuchteten in der Nachmittags-sonne."

aus *Was ich liebte* von Siri Hustvedt

SO GEHT'S:

1. Suchen Sie sich eine schöne Flasche aus, am besten eine grüne, da bei ihr später die Kalkablagerungen vom Gießwasser nicht zu sehen sein werden.
2. Knipsen Sie einen Ableger von einer Ihrer Lieblingspflanzen ab und stecken Sie ihn in die Flasche.
3. Gießen Sie so viel Wasser hinein, dass der Stängel gut bedeckt ist.
4. Hängen Sie die Flasche an einer festen Schnur oder einem Seil schön geknotet auf.

MUSIK

1. **Cigarettes and Chocolate Milk**
(Rufus Wainwright)

2. **Tom's Diner**
(Suzanne Vega)

3. **New York, I Love You But You're Bringing Me Down**
(LCD Soundsystem)

4. **Walk on the Wild Side**
(Lou Reed)

5. **Sunday Morning**
(The Velvet Underground)

6. **The 59th Street Bridge Song (Feelin' Groovy)**
(Simon & Garfunkel)

7. **New York, New York**
(Frank Sinatra)

8. **Don't Think Twice, It's All Right**
(Bob Dylan)

9. **Sitting on Top of the World**
(Lenny Kravitz)

10. **First We Take Manhattan**
(Leonard Cohen)

BÜCHER

1. **Was ich liebte**
Siri Hustvedt, 2003

2. **Die Geschichte der Liebe**
Nicole Krauss, 2005

3. **New York-Trilogie**
Paul Auster, 1987

4. **East Side Story**
Louis Auchincloss, 2004

5. **Just Kids. Die Geschichte einer Freundschaft**
Autobiografie von Patti Smith, 2010

Tipp

Ein waschechter New Yorker nimmt sein Rad mit hinauf ins Loft, benutzt es als schickes Einrichtungsaccessoire und denkt nicht darüber nach, ob es im Weg steht.

FILME

1. **Der Stadtneurotiker**
   Woody Allen, 1977
2. **Green Card – Scheinehe mit Hindernissen**
   Peter Weir, 1990
3. **New Yorker Geschichten**
   Woody Allen, Francis Ford Coppola und Martin Scorsese, 1989
4. **Taxi Driver**
   Martin Scorsese, 1976
5. **Der Pate**
   Francis Ford Coppola, 1972

Los Angeles

L.A. ist **sonnendurchflutet,**
flippig, warm und sanft.
Im Herzen ein echter Hippie.

In einem kalifornischen Bungalow sind die Türen zur Sonne geöffnet und die Grenze zwischen draußen und drinnen verschwindet wie der **Horizont.** Die Wüste, die Berge oder das Meer sind überall nah.

Auf der Veranda baumelt eine **Hängematte** und lädt zum Mittagsschläfchen ein. Das Surfbrett lehnt an der Wand. Die Vorhänge am Fenster sind von der Sonne ausgeblichen. und ein **Traumfänger** über dem Bett spendet Ruhe und ein Gefühl von Leichtigkeit.

Das Geheimnis:
ein Multikulti-Mix

Stimmung in L.A.

Was prägt die Atmosphäre in der „City of Angels"? Es sind natürlich die hohen Palmen, die sich im Wind hin- und herbiegen, die glutheiße Sonne und die niedrigen Häuser, die den Himmel greifbar nah erscheinen lassen. Es ist ein Mix aus weich und hart, unerwartet nah sind der Großstadtlärm und gleichzeitig die Liebe zur Natur. L. A. birgt beseelte Plätze voller Spiritualität, die das Gefühl vermitteln, alles könnte möglich sein.

Charakter

Palmen und Bungalows säumen die Straßen in den Villenvierteln. Die sogenannten Craftsman-Häuser sind vom Stil der amerikanischen Arts-and-Crafts-Bewegung zu Beginn des 20. Jahrhunderts geprägt: mit geschnitzten Balustraden aus dunklem Holz, Satteldach und großzügiger Vorderveranda, auf der man in der Mittagshitze dösen kann. An anderen Stellen sind die Häuser aus Holz, Glas und Stahl. Sie wurden nach dem Zweiten Weltkrieg im Rahmen des Case-Study-Houses-Programms errichtet, an dem namhafte Architekten wie Charles Eames und seine Frau Ray oder Richard Neutra beteiligt waren.

Kulturerbe

Der Sternenglanz auf dem Walk of Fame, zahllose Filmpartys und die jährliche Oscar-Preisverleihung – seit den 1920er-Jahren dominiert Hollywoods Filmindustrie die Kultur der Stadt.

Ob es die Stummfilme von Charlie Chaplin sind, Musicals wie *Singin' in the Rain,* die Welle des Film noir während der 1940er-Jahre oder *Pulp Fiction* in den Neunzigern – alle wurden sie in Los Angeles gedreht. Und wo immer in der Stadt man sich gerade befindet, erkennt man die berühmte Hollywood-Silhouette.

Im Promi-Wohnviertel Laurel Canyon hat die Love-Generation mit den Musikern der 1960er-Jahre ihr Erbe hinterlassen. Venice Beach wiederum ist Sinnbild der Surf- und Skatekultur.

Dieser Kulturen-Mix bildet die Basis für ein typisches Interieur von Los Angeles.

3 kurze Schritte

zum „California Dreamin'"

- ✔ Hören Sie „Surfin' U.S.A." von den Beach Boys oder „California Dreamin'" von The Mamas & The Papas und denken Sie an Sommer, Palmen und Blumen im Haar.
- ✔ Sehen Sie sich Baz Luhrmanns Film *Romeo + Julia* an, der in Venice Beach gedreht wurde.
- ✔ Weitere Assoziationen: regionales Handwerk, ökologisch, biologisch, nachhaltig sowie sonnenreife Zitronen vor der Haustür.

Wohnen im Bungalow

So richtet man ein Zimmer wie in Los Angeles ein

Wer könnte in unserem kalifornischen Zuhause leben? Auf jeden Fall ein Kosmopolit, der sich für ethnische Kulturen und Einflüsse begeistert. Jemand, der sich von allen Winkeln der Welt inspirieren lässt und Beduinen-Atmosphäre mit Indianer- und Dschungelstilen wild mixt.

Tipp

Füllen Sie eine Kiste mit schönen Steinen und gutem Karma.

Beduinen-Stil

Mit Stoffen und Vorhängen schafft man eine romantische Zeltatmosphäre. Ein Alkoven wäre ein zusätzlicher Pluspunkt, ist aber nicht zwingend notwendig. Wählen Sie einfach einen Teil des Raumes aus, der abgeteilt werden kann.

- ✔ Montieren Sie zwei Gardinenstangen hintereinander, auf denen man die Vorhänge drapieren kann. Befestigen Sie Klammern an den Gardinenringen, damit Sie die Stoffe leichter wechseln können.
- ✔ Kombinieren Sie mindestens vier verschiedene Stoffe, damit es gut wirkt. Unterschiedliche Muster auf Vorder- und Rückseiten vermitteln Raumtiefe, wenn die Vorhänge bei leichter Brise schwingen. Eine Bordüre mit Fransen und Quasten verstärkt den Beduinen-Look.
- ✔ Breiten Sie Teppiche in möglichst weichen Sandtönen in verschiedenen Größen auf dem Boden aus.

Unterschlupf

Hinter den Vorhängen soll man sich wie in einer Koje fühlen. Gedämpfte, weiche Farben verstärken den Kontrast zu dem hellen Außenraum und wirken wie eine warme Umarmung.

- ✔ Sorgen Sie mit kleinen Lampen für eine gemütliche Beleuchtung.
- ✔ Streichen Sie die Wände in einem dunkleren Malventon und die Decke in einem hellen Farbton, zum Beispiel Lavendel.
- ✔ Stellen Sie Holzkisten als Bücherregale auf. Das passt eigentlich in jedem Raum, wirkt aber in einem engen Unterschlupf mit Dachschräge besonders gut. Stapeln Sie auch weitere Bücher daneben.

Tipp

Streichen Sie die Decke in Blockstreifen aus weichen Farben wie Elfenbein und Zartgelb. Das schafft eine Atmosphäre wie unter einem Zirkuszelt. Probieren Sie es aus!

VENICE

Cantina
Mexican Restaurant
U-TURN OK 800 FT AHEAD

Flohmärkte in L.A.

Wir wühlen in Hippieklamotten mit Batikmustern und erspähen lange Muschelketten. Der Mann ganz hinten im Zelt erzählt laut von einer Villa in Beverly Hills, die vor Kurzem geräumt wurde. Mehrere Kisten mit Damenschmuck hat er daraus übernommen und bietet sie hier mit anderen Dingen der Hausbesitzerin an. Faustgroße Sachen kosten drei Dollar, die größeren fünf. Für Kleider verlangt er zwanzig Dollar.

Wir befinden uns in der riesigen Arena des Veteran's Memorial Stadium in Long Beach. Fünf Dollar Eintritt zahlt jeder, der mit uns in der langen Schlange ansteht, um an einem Sonntagvormittag hineinzukommen. Wer Schnäppchen machen will, muss früh da sein.

Fairfax und Melrose

Jeden Sonntag verwandelt sich der große Parkplatz an der Kreuzung zwischen Fairfax und Melrose in Hollywood in einen gigantischen Flohmarkt. Die Preise sind günstig. Eine Dame mit Blumenhut, Schleier und feinen Handschuhen verkauft alles vom kupfernen Wasserhahn mit Engelsdekoration bis zu schimmernden Perlmutt-Halsketten. Am Stand neben ihr stapelt sich Keramik aus den Siebzigern.

Letzter Halt ist der Airport Santa Monica. Die Einfahrt zwischen den Landebahnen ist spannend, wir werden umrahmt von den riesigen Flugzeugen. Hier liegen Teppiche aus Peru dicht an dicht neben Stahlrohrmöbeln aus Hollywood, in denen sich die Kalifornische Sonne spiegelt. Es glänzt und glitzert überall.

CHECKLISTE FLOHMARKT

1. Holzkisten
2. alte Fenster
3. Skulpturen
4. Discokugeln
5. Quasten
6. Kristalle
7. Holzmasken
8. bestickte Stoffe
9. Ölgemälde, Porträts
10. Traumfänger
11. Skateboards und Surf bretter

„... Batikmuster und lange Muschelketten."

Dschungel

Dschungel-Atmosphäre kann man auf unterschiedliche Art und Weise schaffen. Auch wenn es in Los Angeles viele Sandstrände gibt und die Wüste nahe ist, steht auf der anderen Seite genauso weit entfernt alles in voller Blüte. Sattes Grün draußen spiegelt sich oft innen. Sollten Sie in einer kühleren Klimazone wohnen, können Sie das Gewicht auf die Pflanzenwelt im Haus legen. Wenn man die Pflanzen an überraschenden Stellen im Zimmer platziert, beispielsweise in einer Kommodenschublade, wirkt es originell.

SO GEHT'S:

1. Nehmen Sie zum Bepflanzen eine wasserdichte Folie, zum Beispiel eine Plastiktüte. Füllen Sie den Boden mit Blähton und geben Sie Blumenerde darüber.
2. Stellen Sie die mit Erde gefüllte Tüte in die Kommodenschublade.
3. Setzen Sie die Pflanze in die Erde. Am besten gedeihen Pflanzen wie Sukkulenten, die wenig Wasser benötigen.

Oase

Wenn Sie Ihre grüne Oase weiter ausgestalten möchten, sollten Sie nun zum Pinsel greifen. Dunkelgrüne Farbe verstärkt die Dschungel-Atmosphäre. Aber begnügen Sie sich mit Details oder vielleicht der Rückwand, damit das Ganze nicht wie eine Grotte wirkt. Mit hübschen, kleinen Regalbrettern kann man sich ein kleines Gewächshaus am Fenster zimmern.

SO GEHT'S:

1. Schneiden Sie Regalbretter und kleine Riegel passend zur Fenstergröße zu.

2. Streichen Sie die Regalbretter und Riegel sowie die Fensterrahmen und -sprossen in derselben dschungelgrünen Farbe wie die Küchenwand.

3. Nageln Sie kleine Holzregale in gleichmäßigem Abstand in die Fensternischen. Bemessen Sie den Platz für Blumentöpfe und Vasen. Der Mindestabstand beträgt 50 cm Höhe. Für ein normal großes Fenster reicht wahrscheinlich ein Brett.

4. Zum Schluss kommt das Schönste: Dekorieren Sie alles mit Blumentöpfen, Pflanzen, Flaschen und Vasen.

MUSIK

1. **Let's Go Surfing**
(The Drums)
2. **West Coast**
(Coconut Records)
3. **California Dreamin'**
(The Mamas & The Papas)
4. **All I Wanna Do**
(Sheryl Crow)
5. **Surfin' U.S.A.**
(The Beach Boys)
6. **Californication**
(Red Hot Chili Peppers)
7. **Under the Bridge**
(Red Hot Chili Peppers)
8. **Hollywood Swinging**
(Kool & The Gang)
9. **Express Your-self**(Charles Wright & the Watts)
10. **Going Up the Country**
(Canned Heat)
11. **I heard It Through the Grapewine**
(Marvin Gaye)

BÜCHER

1. **Blond**
Joyce Carol Oates, 2000
2. **Der große Schlaf**
Raymond Chandler, 1939
3. **Die schwarze Dahlie**
James Ellroy, 1987
4. **Die Stunden**
Michael Cunningham, 1998

„Träume sind notwendig,
um leben zu können."

Anaïs Nin, 1903–1977

Hippiebett

„... eine Tages-
decke in Pazifik-
blau ...“

4 *Schritte zu einem Schlafzimmer im Hippie-Look*

- ✔ Spannen Sie mit einer Gardine über dem Bett einen Himmel. Der Stoff dazu sollte oben und unten einen Tunnelzug haben. Gut geeignet sind Seidenstoffe oder andere leicht transparente Tücher. Breiten Sie die Gardine aus und befestigen Sie eine Seite an einer in der Wand verdübelten Gardinenstange. Ziehen Sie eine Schnur durch den Tunnel am anderen Ende, raffen Sie den Stoff, verknoten Sie die Enden und hängen Sie die Gardine an einem Deckenhaken ein.
- ✔ Suchen Sie nach einem schönen Vintage-Teil als Dekoration am Ende des Himmels.
- ✔ Fertigen Sie ein Kopfteil für das Bett, zum Beispiel aus Stoff oder aus einem Bild, das Sie an der Wand hinter dem Bett anbringen. Wählen Sie grüne Meeresfarben, die mit Strandgelb kontrastiert werden.
- ✔ Legen Sie über das Bett eine Tagesdecke in Pazifikblau, die mit dem Kopfteil harmoniert. Die Kissen können bunt gemischt sein: bestickt, mit Fransen odert glitzernden Pailletten.

Tipp

Eine braune Decke bringt unerwartete Ruhe in den Raum. Mit einem Himmel über dem Bett erzeugt man eine gemütliche Atmosphäre.

von der Decke
an der Wand
auf dem Boden

Fez 1495R-WN

Installationen

Nutzen Sie eine vergessene Ecke für Ihre eigene Kunstinstallation im Angelino-Stil. Wenn man sich dabei ein Fenster mit Sonnenlicht zunutze machen kann, ist es kinderleicht. Aber auch ohne Fenster erzielt man eine interessante Wirkung, indem man den Raum spielerisch gestaltet.

`Von der Decke:` Lassen Sie etwas an einer geflochtenen Bastschnur herunterhängen – einen Lampenschirm, einen Korb mit Pflanzen oder irgendetwas in der Art.

`An der Wand:` Wählen Sie Ihre Lieblingsbilder aus. Nun brauchen Sie noch ein Pendant zur Lampe oder dem Korb an der Decke: Hängen Sie dazu eine Blumenampel in passender Höhe zwischen die Bilder an der Wand.

`Auf dem Fußboden:` Der Pazifik ist in Los Angeles überall gegenwärtig; alte Korkschwimmer als Treibgut vom Strand ergeben eine wunderbare Installation. Hier ist auch Platz für weitere Bilder. Platzieren Sie sie wahllos an die Wand gelehnt. Ein zur Rückseite umgedrehtes Bild macht neugierig. Topfpflanzen, die auf dem Boden stehen, nehmen die Idee von den Blumenampeln an der Wand auf.

Farbpalette

Die Farbpalette von Los Angeles enthält die ganze Bandbreite von zarten bis zu leuchtenden Farben. Die verschiedenen Farbnuancen der Wüste findet man in den unterschiedlichsten Variationen.

Sandfarben
Camel
Beduinenweiß
Cremefarben
Dschungelgrün
Jadegrün
Pazifikblau
Mitternachtsblau
Braun
Karmesinrot

149sullivanstreet.com
twpottery.com
simbazulu@mac.com

Indianische Magie

Wie ein Spinnennetz fängt ein Traumfänger die bösen Träume ein und lässt nur die besten durch das Loch in der Mitte hindurch. Eine sorgfältig ausgewählte Perle oder ein Stein soll die guten Träume anlocken. Welche von ihnen dann durchgelassen werden, hängt von der Farbe des Steins sowie von den Gedanken und Gefühlen desjenigen ab, der den Traumfänger gemacht hat.

SO GEHT'S:

1. Binden Sie dünne, biegsame Zweige zu einem Ring zusammen. Winden Sie eine grobe Schnur ein paar Mal darum, bis die Zweige zusammenhalten. Wenn Sie möchten, können Sie auch mehrere Ringe flechten.

2. Sie können die Zweigringe so belassen oder dünne Lederbänder herumwickeln.

3. Ziehen Sie etwas Draht kreuz und quer durch den Ring, sodass ein Netz entsteht. Alternativ können Sie auch ein Häkeldeckchen mit großem Lochmuster dafür verwenden. Sie müssen allerdings dann schon beim Binden der Zweige die Größe berücksichtigen.

4. Suchen Sie eine besondere Perle aus und nähen Sie sie am Rand des mittleren Lochs an.

5. Dekorieren Sie das Ganze, indem Sie Perlen auf Schnüre oder Lederbänder ziehen oder zum Beispiel mit einer Feder unten abschließen. Montieren Sie die Verzierungen unten am Ring und binden Sie oben eine Schlaufe zum Aufhängen.

6. Hängen Sie nun Ihren Traumfänger übers Bett. Wenn Sie mehrere Ringe angefertigt haben, dann hängen Sie sie zusammen auf.

Die Menschen in Los Angeles versuchen, ihre Vergangenheit in ihren Häusern sichtbar zu machen. Sie zeigen sowohl etwas von der amerikanischen Vielvölker-Kultur als auch von dem Multikulti-Mix ihrer eigenen Stadt. Dank der vielen Kosmopoliten und der Einwanderer aus 140 Ländern gibt es in L.A. keine dominante ethnische Majorität. Die Metropole ist vielmehr ein multikulturelles Mosaik aus vielen kleinen Vierteln von Little Tokyo bis Little Armenia. Aber auch der kalifornische Surf- und Hippie-Look ist sichtbar. Er zeigt sich in diesen Stillleben mit unterschiedlichen Sachen wie japanischen Holzpuppen, afrikanischen Masken, Peace-Zeichen oder Surfboards an der Wand.

Stillleben à la L.A.

„... der kalifornische Surf- und Hippie-Look."

„... von Little Tokyo bis Little Armenia."

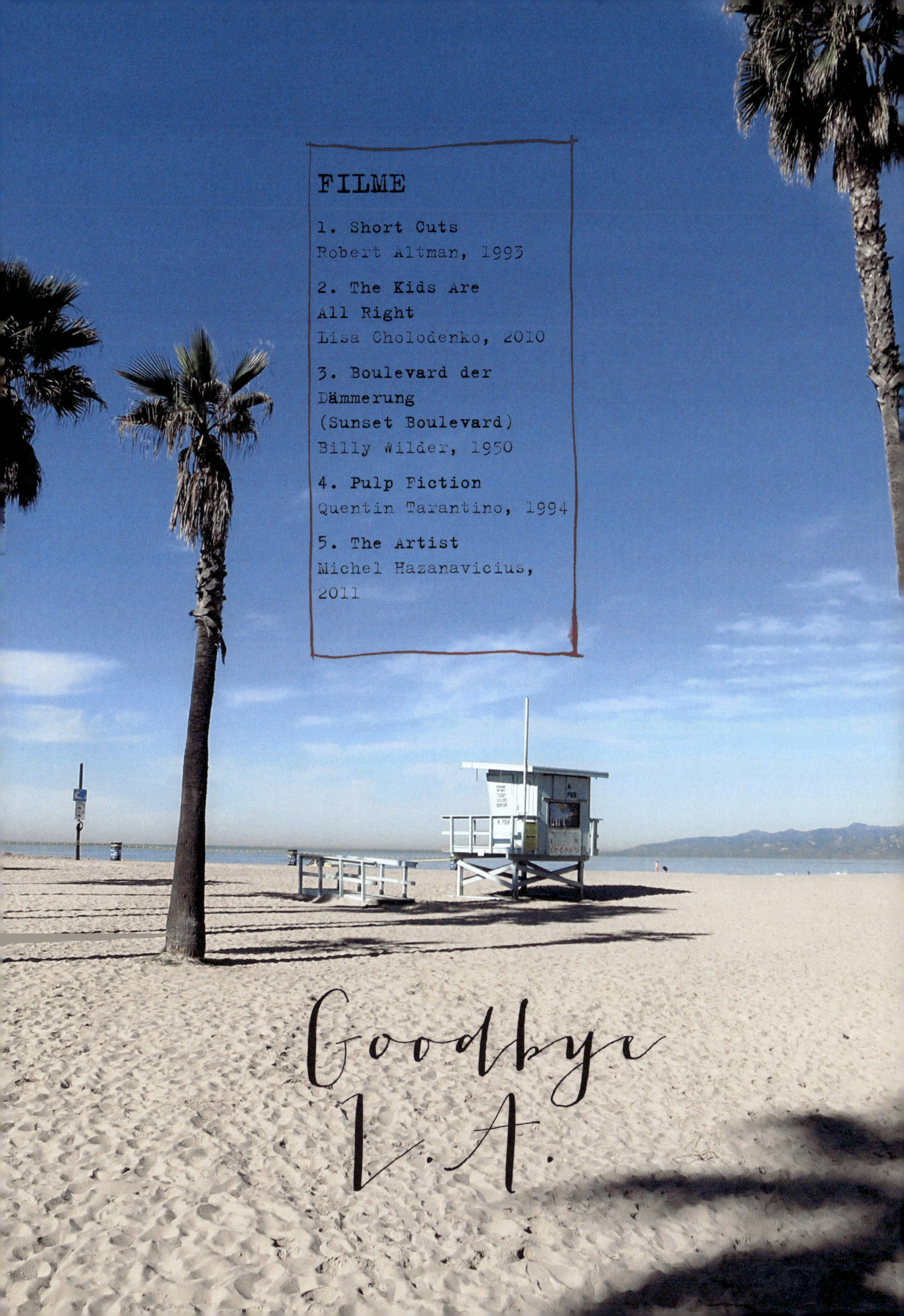

FILME

1. **Short Cuts**
Robert Altman, 1993

2. **The Kids Are All Right**
Lisa Cholodenko, 2010

3. **Boulevard der Dämmerung (Sunset Boulevard)**
Billy Wilder, 1950

4. **Pulp Fiction**
Quentin Tarantino, 1994

5. **The Artist**
Michel Hazanavicius, 2011

Goodbye L.A.

Kopenhagen

Kopenhagen ist stilvoll, luftig und **unkompliziert.** In der Kopenhagener Wohnung knarren die grau gestrichenen Dielen, die Kerzen flackern leicht, wenn der Wind vom Fenster hereinweht. Im Wohnzimmer mit dem Sofaklassiker aus den Fünfzigern wird der Kaffee in zierlichen Tassen mit dem traditionell blau-weißen Blumenmuster der Königlich Dänischen Porzellanmanufaktur serviert. Das ist **„hygge“** – typisch dänische Gemütlichkeit.

Die Hausfassaden sind ocker- und **pastellfarben.** Neben den Eingangstüren wachsen hohe Stockrosen und durch ein geöffnetes Fenster hört man leise Gespräche und dänische Lieder.

Das Geheimnis:
eine stilvolle Basis, die Platz lässt für hübsche Kleinigkeiten

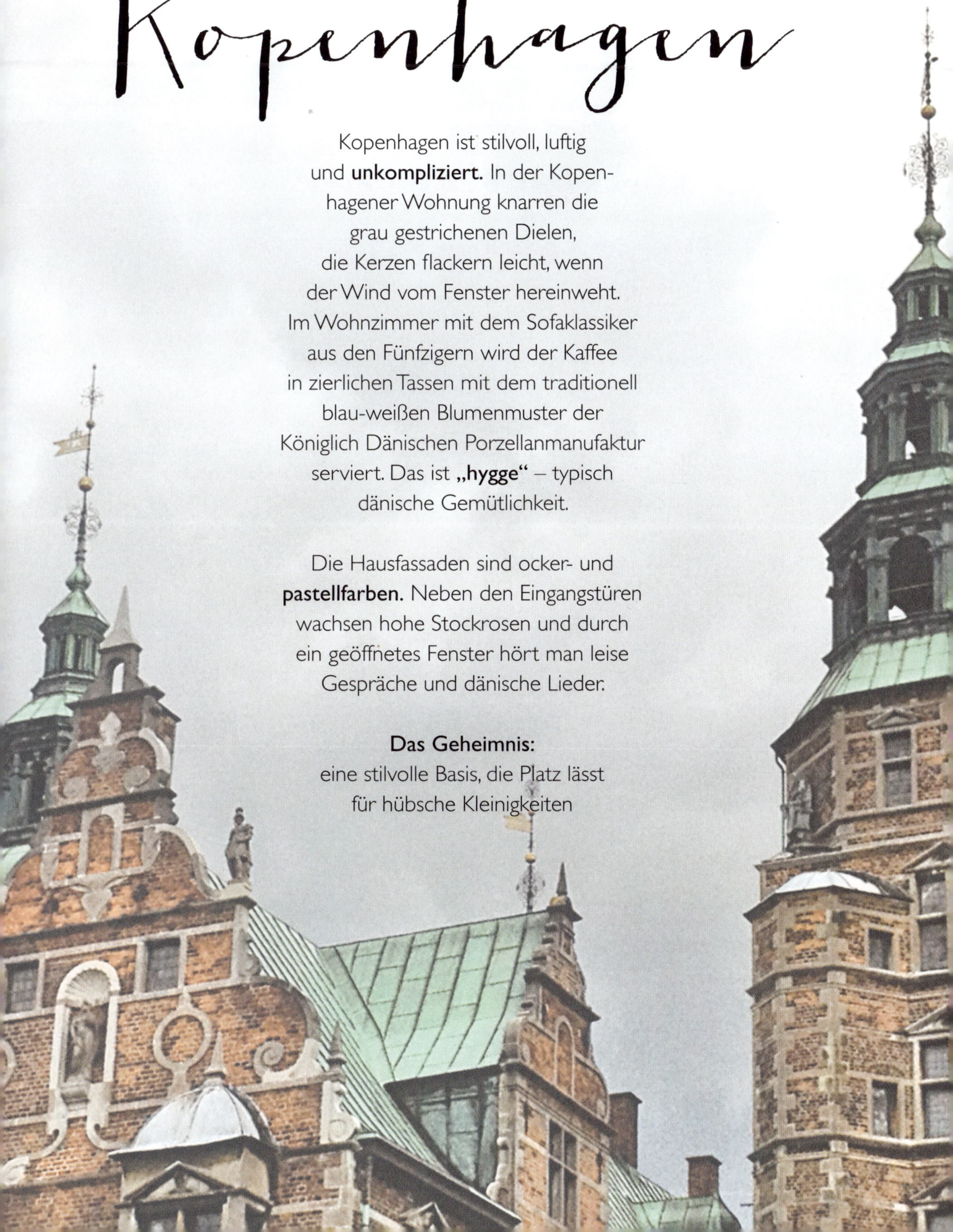

Stimmung in Kopenhagen

Wie kommt es, dass sich in das kontinentale Flair Kopenhagens auch kleinstädtische Atmosphäre mischt? Hier findet man eine Kombination von nordischem Licht mit einem Hauch Pariser Boulevard und gleichzeitig einer kräftigen Prise deftiger Landluft. Und mitten in der Stadt stehen auch noch zwei Märchenschlösser: Im Rokokoschloss Amalienborg lebt die königliche Familie, das Renaissanceschloss Rosenborg liegt im großen Stadtpark Kongens Have.

Charakter

Rund um die Haupteinkaufsmeile Strøget und die mit Kopfstein gepflasterten Plätze verlaufen schmale, verwinkelte Gassen. Dort gibt es kleine, einfache Wohnungen in Häusern, wo man vor nicht allzu langer Zeit noch seine Nachbarn im Morgenrock auf dem Weg zur gemeinsamen Dusche im Keller traf. Vielleicht ist dies einer der Gründe für die familiäre Stimmung in Kopenhagen. Die Innenhöfe schimmern golden von den ockerfarbenen Häusern, deren Wände halb mit Efeu bewachsen sind. Nur ein kleines Stück weiter, rund um Schloss Amalienborg, findet man Prachtboulevards aus dem 18. Jahrhundert mit großbürgerlichen Kontorhäusern.

Kulturerbe

Der Vergnügungspark Tivoli mit seinen Karussells und den Zuckerwatte-Buden hat seit 1843 einen stimmungsvollen Glanz über Kopenhagen gelegt. Zum Wahrzeichen der Stadt wurde „Die kleine Meerjungfrau“, die nach dem tragischen Märchen von Hans Christian Andersen gestaltet wurde. In der Geschichte verliebt sich die jüngste Tochter des Meerkönigs in einen menschlichen Prinzen. Mehr als düster sind die modernen nordischen TV-Thrillerserien *Borgen* (Gefährliche Seilschaften) und *Brottet* (Kommissarin Lund – Das Verbrechen), die als „New Nordic Noir“ bereits internationale Auszeichnungen erhalten haben und deshalb ebenfalls zum neueren Kulturerbe Kopenhagens gerechnet werden müssen. Zum klassischen Erbe zählen die vom nordischen Licht geprägte Malerschule der Skagenmaler und die Möbeldesigner, die den typisch dänischen Stil geschaffen haben.

Diese ausgewählten Kapitel der Kulturgeschichte Dänemarks haben wir im Hinterkopf, wenn es um den Look Kopenhagens geht.

3 schnelle Schritte

zu dänischer Stimmung

- ✔ Hören Sie von Carl Nielsen *Tågen letter* für Flöte und Harfe.
- ✔ Denken Sie an das Licht in Marie Krøyers Bilder und lassen Sie sich auf nordische Leichtigkeit ein.
- ✔ Mixen Sie die düstere dänische Filmschwärze mit nordischer Eleganz, wie sie die Stilikone Helena Christensen verkörpert.

Tipp

Das nordische Licht in Ehren, aber im Haus kommt man ohne künstliche Lichtquellen nicht aus. Mit Deckenleuchte, Stehlampe, Wandleuchte und Kerzen auf dem Tisch hat man die perfekte Illumination.

Einrichten

So stylt man einen Raum auf typisch Kopenhagener Art

Was haben Kopenhagener gern um sich herum? Natürlich etwas Selbstgemachtes, etwas Klassisches und etwas Originelles, was sich von allem anderen abhebt.

Im Mittelpunkt des Kopenhagener Raums steht fast immer ein vererbter Designklassiker aus der Mitte des 20. Jahrhunderts. Das verwundert nicht, wenn man an all die dänischen Möbeldesigner denkt, die seit Jahrzehnten ganz oben an der Weltspitze stehen: Børge Mogensen, Arne Jacobsen, Fritz Hansen und Finn Juhl, um nur einige zu nennen.

Sie müssen nun aber nicht einem dieser Designer huldigen, sondern können Ihren Raum mit jeder Art von Teakmöbeln einrichten. Die strengen, geraden Linien der 1950er- und 1960er-Ära werden anschließend mit etwas Weicherem kombiniert. Dazu brauchen wir Farbe und etwas Fingerfertigkeit:

- ✔ Selbst genähte Quilt- und Patchwork-Kissen in Pastellfarben
- ✔ Gewebte Plaids mit ausdrucksstarken Mustern
- ✔ Einen leicht speckigen Ledersessel mit abgerundeten Kanten
- ✔ Kunstdrucke und Bilder, Grafiken und Stickereien an der Wand

Raffiniert schummeln

Eine lebendig wirkende Bilderwand entsteht, indem man die Bilder asymmetrisch aufhängt. Wie schafft man das, ohne dass es brav geordnet wirkt? So würde ein Kopenhagener raffiniert schummeln:

1. Messen Sie exakt aus, wie Ihre Bilderwand ganz klassisch sein sollte. Versuchen Sie, oben eine Linie einzuhalten. Schlagen Sie die Nägel ein und hängen Sie die Bilder.
2. Und jetzt: Nehmen Sie sie alle wieder ab!
3. Mischen Sie und hängen Sie die Bilder völlig durcheinander an die vorhandenen Nägel und Sie erreichen eine überraschend neue Wirkung. Die Bilder dürfen nicht übereinanderhängen. Vielleicht müssen Sie einen Nagel wenige Zentimeter versetzen. Vervollständigen Sie die Sammlung eventuell mit einem Stickbild oder etwas Selbstgemaltem.

FEED THE MAGIC WOLF
DARK SUN
HELP
I WANT TO LIVE FOREVER
AVOID THE VENOM
MOM
YES
TREES ARE LAUGHING
YES
BEAT IT

„Ausschweifungen"

Nun gilt es, den Raum ausschweifend zu gestalten. In Kopenhagen legt man weniger Wert darauf, das Heim tipptopp auf Hochglanz zu halten, sondern setzt auf originelle Effekte: vom Parkett mit klassischem Fischgrätenmuster und Kristalllüstern über eine Flickendecke aus den Siebzigern als Wanddekoration bis hin zum marokkanischen Beduinenzelt mitten im Wohnzimmer.

Wichtig dabei ist, dass der typisch nordische, helle Stil im Grunde erhalten bleibt und die „Ausschweifungen" nicht zu dominant werden. (Das Beduinenzelt erfordert viel Fingerspitzengefühl und ein geschultes Auge, es sollte nicht als Allererstes umgesetzt werden.)

Designklassiker

Y Chair
Hans J. Wegner, 1950

PH-Lampe
Poul Henningsen, 1925

Die Ameise
Arne Jacobsen, 1952

Safari-Stuhl
Kaare Klint, 1933

Gestellsofa
(siehe Seite 132)
Børge Mogensen, 1945

Affe
(siehe Seite 140)
Kay Bojesen, 1951

Prince Chair
Louise Campbell, 2005

„... wenn das Laub der Bäume grün leuchtet.“

Flohmärkte in Kopenhagen

Jeden Samstag und Sonntag, manchmal auch an einigen Nachmittagen unter der Woche, haben all die kleinen Antikhändler in der Ravnsborggade geöffnet. Die Straße, die dann mit dänischem Porzellan, Suppenterrinen mit dem berühmten Muschelmuster und Teekannen vollgestopft ist, befindet sich im Multikulti-Viertel Nørrebro, auf der anderen Seite der Kopenhagener Seen. An manchen Sonntagen findet hier auch ein Flohmarkt statt.

Picknick

Von Nørrebro aus gehen wir weiter zum Assistens Kirkegård, einem Friedhof und gleichzeitig Landschaftspark, in dem der Philosoph Søren Kierkegaard sowie der Möbeldesigner Finn Juhl begraben sind. Wenn man Glück hat, findet gerade ein Flohmarkt entlang der gelben Mauer statt. Aber auch sonst ist der Park einen Spaziergang wert. Nehmen Sie sich Kaffee mit und setzen Sie sich zwischen den Grabsteinen zu den Kopenhagener Picknickfreunden ins Gras.

Schöne alte Dinge

Der schönste Trödelmarkt findet unter den großen Bäumen an der Dreifaltigkeitskirche in der Købmagergade statt, direkt neben dem Runden Turm. Besonders reizend ist er an einem Sommertag, wenn das Laub der Bäume grün leuchtet. Hier gibt es schöne alte Dinge in Hülle und Fülle: Karaffen, antike Glasprismen, nostalgische Patchwork-Decken und hübsche Schals. Eine Dame mit Hut bietet Bernsteinketten an, eine andere macht ein Nickerchen in der Sonne.

„... eine Dame mit Hut bietet Bernsteinketten an ..."

CHECKLISTE FLOHMARKT

1. Königliches Porzellan
2. Sachen aus Teakholz
3. ausgestopfte Tiere
4. Teller
5. Kristallleuchter
6. Holzschubladen, gern aus einer Kommode
7. Patchwork-Decken oder Stoffe dazu
8. gestickte Bilder
9. Lampen
10. Vasen
11. Küchen-Schneidebretter

Dänische Küche

Um eine winzig kleine Küche etwas aufzupeppen, streicht man sie in Rosa. Machen Sie einen Durchbruch in die Zimmerwand, wenn Sie zu wenig Platz haben, um in der Küche zu sitzen, und verbinden Sie beide Räume mit einem Fenster oder einer Bartheke. Dort kann man schnell eine Kleinigkeit essen, vielleicht beim Schälen und Schnibbeln mithelfen oder einfach dabeisitzen, um der Köchin Gesellschaft zu leisten.

2 Tipps

für Pinnwände:

- Nehmen Sie ein Marmorbrett mit einem Loch. Wickeln Sie eine Schnur mehrfach darum und stecken Sie Notizen raffiniert dazwischen.

- Auch Topfuntersetzer aus Kork eignen sich gut. Papiere können Sie mit Reißnägeln anstecken.

Tipp

Machen Sie aus drei Schubladen eines alten Büfetts ein neues Regal.

SO GEHT'S:

1. Bemessen Sie den Platz für die Schubladen mit etwa 50 cm Zwischenraum, damit man auch die Oberseiten als Regalplatz nutzen kann.
2. Bohren, verdübeln und verschrauben Sie die Schubladen an der Wand.

Ein Kopenhagener Esszimmer strahlt Gemütlichkeit aus – die dänische *hygge* – und ist gleichzeitig mit spannenden Details eingerichtet, die neugierig machen.

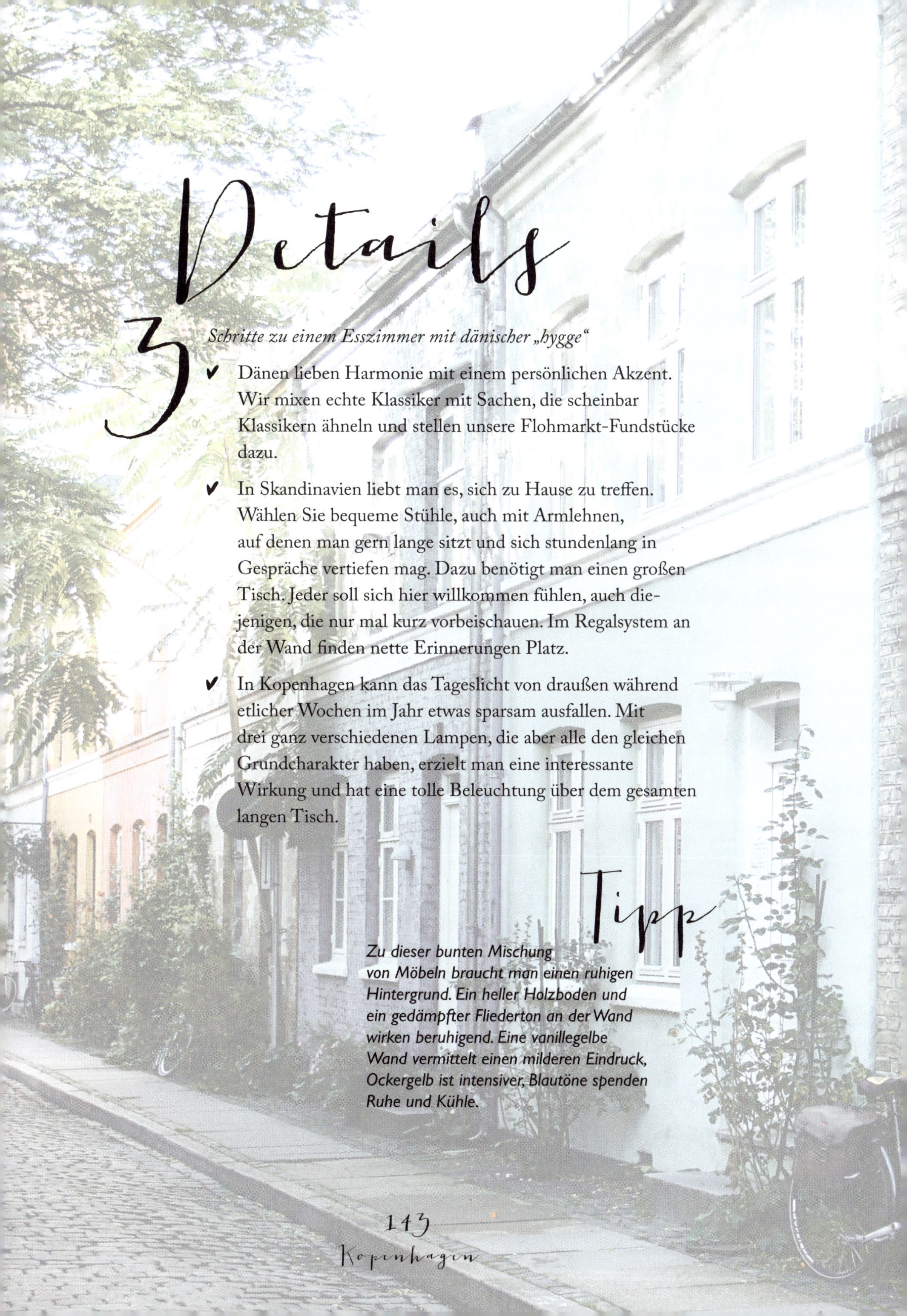

3 Details

Schritte zu einem Esszimmer mit dänischer „hygge“

- ✔ Dänen lieben Harmonie mit einem persönlichen Akzent. Wir mixen echte Klassiker mit Sachen, die scheinbar Klassikern ähneln und stellen unsere Flohmarkt-Fundstücke dazu.
- ✔ In Skandinavien liebt man es, sich zu Hause zu treffen. Wählen Sie bequeme Stühle, auch mit Armlehnen, auf denen man gern lange sitzt und sich stundenlang in Gespräche vertiefen mag. Dazu benötigt man einen großen Tisch. Jeder soll sich hier willkommen fühlen, auch diejenigen, die nur mal kurz vorbeischauen. Im Regalsystem an der Wand finden nette Erinnerungen Platz.
- ✔ In Kopenhagen kann das Tageslicht von draußen während etlicher Wochen im Jahr etwas sparsam ausfallen. Mit drei ganz verschiedenen Lampen, die aber alle den gleichen Grundcharakter haben, erzielt man eine interessante Wirkung und hat eine tolle Beleuchtung über dem gesamten langen Tisch.

Tipp

Zu dieser bunten Mischung von Möbeln braucht man einen ruhigen Hintergrund. Ein heller Holzboden und ein gedämpfter Fliederton an der Wand wirken beruhigend. Eine vanillegelbe Wand vermittelt einen milderen Eindruck, Ockergelb ist intensiver, Blautöne spenden Ruhe und Kühle.

VERDENSHISTORIE
Oxford
STATEN

Blues for Books

Eine stilvolle Wohnung in Kopenhagen ist stets mit einem antiken, verschnörkelten Kachelofen ausgestattet. Ein solches Stück lässt sich nicht einfach herbeizaubern. Deshalb richten wir unser Augenmerk auf ein Bücherregal, in dem die Bücher nach Farben sortiert sind. Etwas abgestufter wirkt es, wenn man mehrere Farbgruppen zusammenstellt, zum Beispiel Schwarz, Rot und Blau, und sie harmonisch mixt, damit es nicht eintönig wird. Versuchen Sie es einfach. Auf dem Regal kann das Arrangement von grünen Vasen einen schönen Platz finden.

„Leben allein genügt nicht. Sonnenschein, Freiheit und eine kleine Blume muss man auch haben."

Hans Christian Andersen, 1805–1875

Farbpalette

In der Kopenhagener Farbpalette dominieren klare Töne. Alles ist farbenfroh. Die Wand kann gern in Rosa oder Flieder gestrichen sein, noch besser ist eine groß gemusterte Tapete.

Rosa
Himbeerrot
Bernstein
Lederbraun
Apfelgrün
Birnengrün
Lavendel
Sonnengelb
Ockergelb
Himmelsblau

„... ausgestopfte Tiere an der einen, Vasen an einer anderen Stelle ...“

Die Stillleben in einem Kopenhagener Heim sind methodisch aufgebaut. Gesammelt wird nach Themen – ausgestopfte Tiere an der einen, Vasen an einer anderen Stelle. Bemalte Porzellanteller an einer Wand zu präsentieren ist genau so typisch, wie den einen oder anderen Designklassiker zu hüten.

Kopenhagener Sammlungen

Mehr Tellerwände

Licht im Regal

Weil wir in Kopenhagen sind, beschäftigen wir uns noch einmal mit der Beleuchtung.

SO GEHT'S:

1. Suchen Sie nach der passenden Stelle für eine Regalbeleuchtung.

2. Schrauben Sie eine kleine Metallöse mittig an das Regalfach, in dem die Lampe hängen soll. Bohren Sie ein Loch in die Seiten- oder Rückwand des Regals.

3. Montieren Sie den Stecker der Lampe ab und ziehen Sie das Kabel durch die Öse und das Loch, damit die Lampe gut hängt.

4. Montieren Sie den Stecker wieder an und schalten Sie das Licht ein.

Tapeten-mix

Kopenhagener lieben den Mustermix und sammeln Vintage-Tapeten, die für allerlei Dinge, von der Wandverkleidung bis zum Spiegelrahmen, verwendet werden. Wenn Sie nach dem Tapezieren kleine Reste übrig haben, können Sie damit noch andere Stellen aufpeppen. Auch verschiedene Musterreste ergeben neue schicke Kombinationen.

SO GEHT'S:

1. Messen Sie aus, was dekoriert werden soll – das Regal, der Spiegel, die Kiste oder auch etwas anderes. Schneiden Sie die Tapetenstücke zurecht.

2. Auf kleinen Oberflächen kann man gut mit Holzleim arbeiten. Streichen Sie die Tapete nach dem Bekleben mit einem weichen Schwamm oder Lappen sorgfältig aus, damit sie keine Blasen wirft.

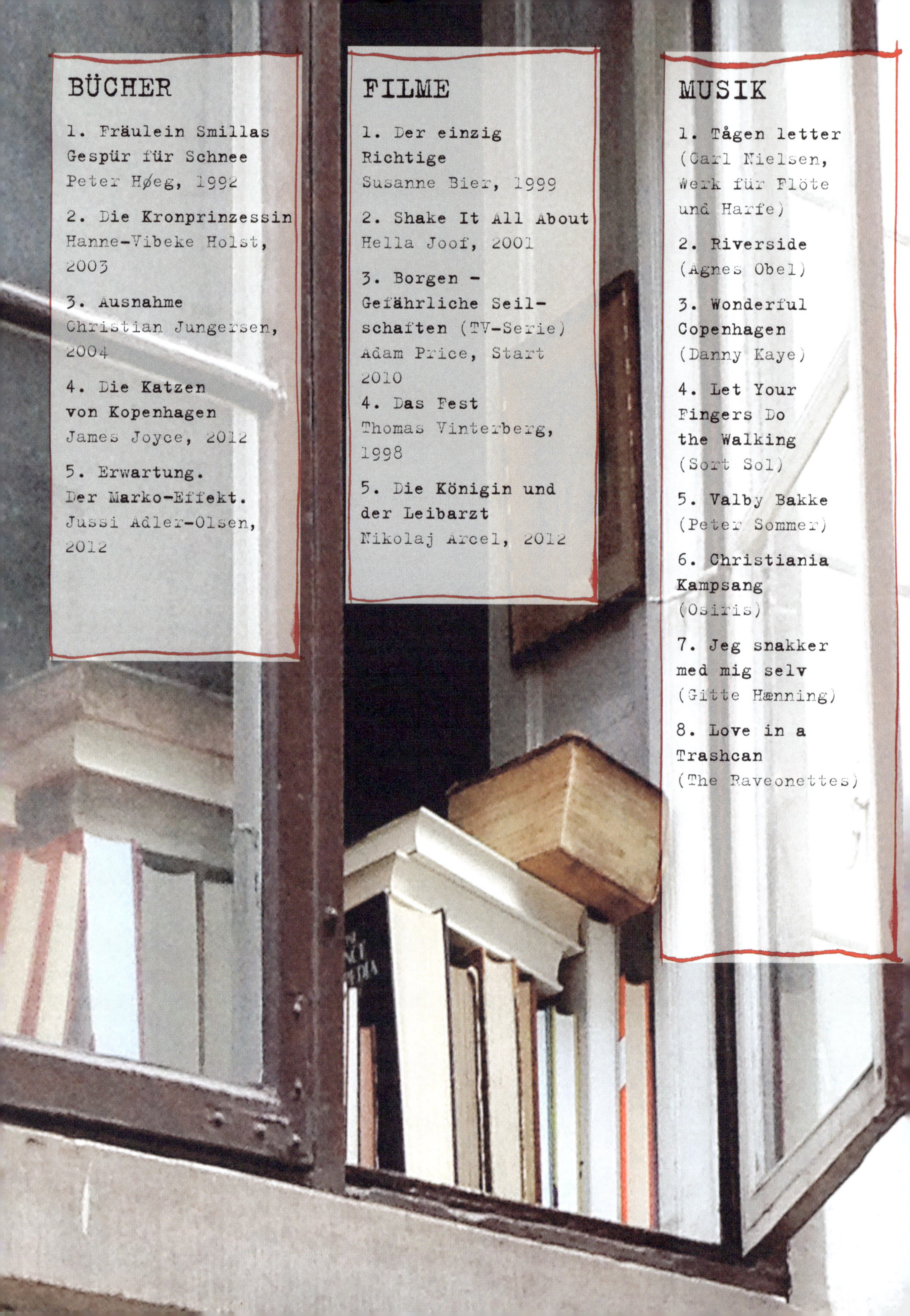

BÜCHER

1. **Fräulein Smillas Gespür für Schnee**
Peter Høeg, 1992

2. **Die Kronprinzessin**
Hanne-Vibeke Holst, 2003

3. **Ausnahme**
Christian Jungersen, 2004

4. **Die Katzen von Kopenhagen**
James Joyce, 2012

5. **Erwartung. Der Marko-Effekt.**
Jussi Adler-Olsen, 2012

FILME

1. **Der einzig Richtige**
Susanne Bier, 1999

2. **Shake It All About**
Hella Joof, 2001

3. **Borgen – Gefährliche Seilschaften** (TV-Serie)
Adam Price, Start 2010

4. **Das Fest**
Thomas Vinterberg, 1998

5. **Die Königin und der Leibarzt**
Nikolaj Arcel, 2012

MUSIK

1. **Tågen letter**
(Carl Nielsen, Werk für Flöte und Harfe)

2. **Riverside**
(Agnes Obel)

3. **Wonderful Copenhagen**
(Danny Kaye)

4. **Let Your Fingers Do the Walking**
(Sort Sol)

5. **Valby Bakke**
(Peter Sommer)

6. **Christiania Kampsang**
(Osiris)

7. **Jeg snakker med mig selv**
(Gitte Hænning)

8. **Love in a Trashcan**
(The Raveonettes)

OH MY PRECIOUS ALICE
HOW DO I FEEL?
DOWN THE RABBIT-HOLE
MY JEANS ARE STILL TOO TIGHT...
NOTHING

Bildnachweis

Alle Fotos stammen von Ida Magntorn mit Ausnahme von S. 4, 5, 114, 126, 127 (Fotos von Mira Magntorn).

Die abgebildeten Häuser und Wohnungen:

Paris

Anna Malmberg, www.annamalmbergphoto.com. /anna.elle.se. S. 10, 13, 18–21, 26–27, 30, 32, 33 oben rechts, 35.

Lovisa Burfitt Rigby, www.lovisaburfitt.com, S. 22–23, 25.

Katrin Jakobsen, S. 16–17.

Ulf Clervall S. 7.

Céline Vitcoq, S. 33 links und rechts unten.

London

Emily Chalmers, www.emilychalmers.com, www.caravanstyle.com, S. 42, 45, 50–51, 55, 62 ganz oben und rechts, 63, 66–67.

Emily Henson, emilyhenson.blogspot.com, lifeunstyled.blogspot.com, S. 59, 62 links.

Lou Rota, www.lourota.com, S. 1, 48, 52–53, 56–57.

Gregory Watson, S. 49, 54, 60–61, 62 unten.

Bobby Petersen, www.bobbypetersen.com, S. 38, 58.

New York

Johanna Burke, www.burkeandpryde.com, S. 72–75, 86–87, 100.

Johanna Methusalemsdottir www.kriajewlery.com, S. 80–81, 84–85.

Jessica Barensfeld, www.jessicabarensfeld.com Simon Howell, www.lynnandlawrence.com, S. 76–77, 98–99.

Digby & Iona, www.digbyandiona.com, S. 88–89, 96–97.

Ariele Alasko, www.arielealasko.com, S. 82–83.

Julia Small, smallstudio.blogspot.com, S. 94–95.

Kelli Anderson, S. 101.

Los Angeles

Faith Blankeney, www.callmefaith.com, S. 100–101, 104–105, 107, 113, 115.

Justina Blankeney, blog.justinablakeney.com, S. 116–117, 124 ganz unten.

Tracy Wilkinson, www.tracywilkinson.net, S. 118–119, 121–123, 125 rechts.

Derek James, Kristin Korven, www.fromlookoutmountain.com S. 112, 124.

Kopenhagen

Mette Helena Rasmussen, www.mettehelena.dk, www.retrovilla.dk, Umschlag vorn, S. 132, 140 rechts und links unten, 141–142, 155.

Lisa Grue, underwerket.blogspot.com, S. 128, 134–135, 140 rechts oben, 146–147, 150, 152–153.

Kristine Meyer, www.meyerlavigne.dk, S. 138-139, 144–145, 148 ganz oben und unten, 157.

Mette Hartvig Johnsson, S. 148 rechts und links, 151, 154.

Dank

Ich danke allen, die mir bei diesem Buch geholfen haben:

Mira Magntorn, die mir auf allen Reisen und bei den Flohmarkt-Besuchen assistiert hat und mir bei den Texten, den Fotos, der Gestaltung und dem Layout behilflich war.

Unseren treuen Begleitern Erik und Måns Magntorn.

Den Fotografinnen Tine Guth Linse und Jenny Leyman.

Henrik Skogh, Mia Krokstäde, Hanna Welin.

Julia Bristulf für das Zeichnen der Rahmen.

Dem „Buchclub“: Karin Nykvist, Malin Sandström, Victoria Söderberg, die mir nach vielen Buch- und Filmdiskussionen meine Listen gefüllt haben. Darüber hinaus danke ich Kattis Brundenius.

Liza Larsson-Alvarez, Lisa Karinsdotter Pålsson, Karin Fremer.

Clara Bolmsjö, Andrea de la Barre de Nanteuil.

Petra Ward, Ebba Östberg, Gabriella Sahlin, Susanna Höijer sowie Cecilia Ljungström.

Stefan Ohlsson/Le Nord.

Natürlich danke ich auch allen im Bildnachweis Erwähnten, die ihre Wohnungen für mich geöffnet haben, mir darüber berichteten und mich fotografieren ließen.
Euch allen ein herzliches Danke!

Die Schwedin Ida Magntorn arbeitet als Journalistin und Fotografin mit dem Schwerpunkt Inneneinrichtung. Sie ist verantwortlich für die Wohnseiten der Tageszeitung *Sydsvenskan* sowie für die Antik- und Flohmarktseiten mehrerer Wochen- und Monatszeitschriften in Schweden. Für *Elle Interiör* arbeitet sie als Reporterin und Bloggerin. Auf Schwedisch sind folgende Bücher von ihr erschienen: *Loppisboken,* 2010, *Från Loppis Till Salong,* 2012.

byidamagntorn.elleinterior.se
www.idamagntorn.se

Foto: Jenny Leyman

MIX
Papier aus verantwortungsvollen Quellen
FSC® C006423
FSC www.fsc.org

Die Originalausgabe erschien 2013 bei Norstedts, Schweden

Design, Fotografien und Illustrationen: Ida Magntorn
Produktion: Cecilia Ljungström
Lithografie: Fälth & Hässler, Värnamo

Stadtplan New York, S. 78–79
Courtesy of Esri, DeLorme, NAVTEQ,
increment P Corp., EPA, USGS, and NPS

Deutsche Ausgabe:
Verlagskoordination: Marisa Botz
Übersetzung: Marie-Luise Schwarz
Lektorat: Susanne Philippi
Satz: Silvia Cardinal

Printed in Portugal

ISBN 978-3-8321-9475-8
www.dumont-buchverlag.de

Fez 1495R-WN